"十二五"普通高等教育本科国家级规划教材

21世纪韩国语系列教材

辽宁省"十二五"普通高等教育本科省级规划教材

韩国语
视听说教程
四（第三版）

张国强　总主编
陈艳平　李莲姬　主编

北京大学出版社
PEKING UNIVERSITY PRESS

图书在版编目（CIP）数据

韩国语视听说教程. 四 / 张国强总主编；陈艳平，李莲姬主编. —— 3版. —— 北京：北京大学出版社，2024.10. ——（21世纪韩国语系列教材）. —— ISBN 978-7-301-35335-6

Ⅰ. H559.4

中国国家版本馆CIP数据核字第2024PE2300号

书　　　名	韩国语视听说教程（四）（第三版） HANGUOYU SHI TING SHUO JIAOCHENG (SI) (DI-SAN BAN)
著作责任者	张国强　总主编　陈艳平　李莲姬　主编
策划编辑	张　娜
责任编辑	刘　虹
标准书号	ISBN 978-7-301-35335-6
出版发行	北京大学出版社
地　　　址	北京市海淀区成府路205号　100871
网　　　址	http://www.pup.cn　　新浪微博：@北京大学出版社
电子邮箱	编辑部 pupwaiwen@pup.cn　　总编室 zpup@pup.cn
电　　　话	邮购部 010-62752015　发行部 010-62750672　编辑部 010-62759634
印　刷　者	河北文福旺印刷有限公司
经　销　者	新华书店
	787毫米×1092毫米　16开本　13.25印张　231千字 2010年3月第1版　2015年8月第2版 2024年10月第3版　2024年10月第1次印刷（总第11次印刷）
定　　　价	59.00元

未经许可，不得以任何方式复制或抄袭本书之部分或全部内容。
版权所有，侵权必究
举报电话：010-62752024　电子邮箱：fd@pup.cn
图书如有印装质量问题，请与出版部联系，电话：010-62756370

普通高等教育"十一五"国家级规划教材

"21世纪韩国语系列教材"专家委员会

主任委员：

安炳浩　北京大学　教授
　　　　中国朝鲜语/韩国语教育研究学会会长
张光军　解放军外国语学院亚非系主任　博导
　　　　教育部外语教学指导委员会委员
　　　　大韩民国国语国文学会海外理事
张　敏　北京大学　教授　博导
牛林杰　山东大学　教授　博导

委　员：

金永寿　延边大学朝鲜韩国学院院长　教授
苗春梅　北京外国语大学亚非学院韩国语系主任　教授
何彤梅　大连外国语大学韩国语系　教授
王　丹　北京大学外国语学院副院长　教授　博导

韩国专家顾问：

闵贤植　韩国首尔大学国语教育系　教授
姜信沆　韩国成均馆大学国语国文系　教授
赵恒禄　韩国祥明大学国语教育系　教授

改版说明

《韩国语视听说教程（四）》本次改版主要为适应新时代高等教育体系改革与发展需求，在拓展学生国际视野的同时，融入"用外语讲好中国故事，更好地传播好中国声音"的教学理念，内容与语言融合，继承传统的同时力求创新，以满足培养"具有家国情怀、国际视野、沟通能力和人文素养的复合型人才"的外语人才培养需求。

《韩国语视听说教程（四）》（第3版）共分为20课，每一课都由中国和韩国两部分内容组成。其中中国部分语言材料主要来自中国的经典文化节目，内容包括中国传统文化、中国传统手工艺及传统建筑、中国古语以及中国现代发展与创新等，加深学生对中国历史、文化以及中华优秀传统的了解，旨在培养学生的文化自信，拓展文化视野，丰富文化内涵。编者特别为所有选篇配置了韩国语译文，并首次运用AI工具进行录音（视频配音），为大家呈现的最终学习资料（视频）是用韩国语讲述中国文化。这一环节的改版及创新，旨在全球化背景下提升学生用外语向世界讲好中国故事的能力，传播中华文化的同时培养学生的家国情怀。韩国部分的语言材料主要来自韩国经典的电视节目，内容包括韩国的传统文化、韩国传统手工艺、韩国民间传说与历史人物、以及韩国现代社会发展与创新等，这部分内容主要立足从区域国别视角，放眼世界，加深学生对所学外语对象国文化的理解，最终达成培养学生具备感知全球、理解世界、融通中外的新时代外语人才的目标。

在教材的制作过程中，我们精心挑选了适合的插图来辅助教学内容。这些插图大部分由豆包AI制作，丰富多样且贴合主题，使得教材内容更加生动，有助于学生更好地理解和吸收知识。同时，还有一些插图来自中国和韩国官方网站，为教材增添了一份严谨和专业。在此，我们要对这些插图的来源一并表示感谢。

《韩国语视听说教程（四）》（第3版）注重培养学生听和说的能力，在教学使用过程中比较适合进行线上线下融合授课。以第一课"中国甲骨文与韩国的韩文"为例，第一部分为中国甲骨文部分，可让学生课前在线下自行观看中文视频，提前思考关于中国甲骨文起源、中国甲骨文的特征等相关内容，并观看韩国语讲述甲骨文的视频，学习如何用韩国语讲述中国甲骨文的故事，并对其中中国传统文化术语的韩国语说法进行学习。在线下课堂中，主要以"说"与"练"为主，可以采用多种方式进行拓展训练，如视听甲骨文韩文视频，用韩国语讲述甲骨文的故事，讲述甲骨文的重要意义，也可以视听汉语原视频，作翻译训练等。韩国视频部分，可以用做配音训练，也可以用韩文讲述韩国文字的故事，或者以思辨性答题训练等形式让学生对本课主题进行深入思考。

《韩国语视听说教程（四）》（第3版）虽然是韩国语专业高年级视听说教材，但是教材中优秀的中国传统文化、中国古语与古代思想、智慧，以及中国现代高速发展等主题，以及对应的韩国相关社会文化内容，可以帮助学生更好地备考CATTI考试。另外，汉语和韩国语对译内容也可为演讲课、翻译课，以及写作课教学提供丰富的素材。《韩国语视听说教程（四）》（第3版）将陆续构建教学PPT、习题库以及试卷库等资源供教师使用。由于编者水平有限，本书难免有诸多不足之处，恳请各位同仁批评指正。

编者

2024年10月

目 录

제1단원　전통문화 ··· 1
　제1과　갑골문과 한글 ··· 3
　제2과　서예와 풍속화 ·· 12
　제3과　중의학과 종묘제례 ··· 23
　제4과　24절기와 첨성대 ·· 32
　제5과　십이지신과 판소리 ··· 41

제2단원　전통수공예 ··· 51
　제6과　만리장성과 고궁, 그리고 5대 궁궐 ·· 53
　제7과　사합원과 한옥 ·· 64
　제8과　도자기와 청자 ·· 72
　제9과　차와 떡 ·· 80
　제10과　한푸(漢服)와 한복(韓服) ·· 89

제3단원　속담과 이야기 ··· 99
　제11과　'天下爲公, 民爲邦本'과 한석봉 어머니 ·· 101
　제12과　'爲政以德, 革故鼎新'와 돌하르방 ·· 110
　제13과　'任人唯賢, 天人合一'와 정자나무 ·· 118
　제14과　'自强不息, 厚德載物'과 신사임당 ·· 127
　제15과　'講信修睦, 親仁善隣'과 다듬이질 ·· 138

제4단원　발전과 혁신 ··· **149**
　제16과　'일대일로'와 스마트 의료기기 ································ 151
　제17과　엑스포 ··· 161
　제18과　고속열차 ··· 170
　제19과　국산 대형 비행기와 대형 선박 ································ 179
　제20과　국제우주정거장과 반도체 산업 ································ 189

제1단원 전통문화

제1과 갑골문과 한글

◆ 학습 목표 ◆

1) 문자의 역사를 이해한다.
2) 갑골문과 한글의 특성에 대해 이해한다.
3) 갑골문에 대해 한국어로 이야기할 수 있어야 한다.

01 갑골문

◆ 생각해 보기 ◆

1) 갑골문은 언제 처음 발견되었는지 생각해 봅시다.
2) 갑골문의 용도는 무엇인지 생각해 봅시다.
3) '갑골문의 아버지'로 불린 사람은 누구인지 생각해 봅시다.

◆ 들어 보기 ◆

[동영상]

◆ 단어 보기 ◆

甲骨文	갑골문
系统	계통, 체계, 시스템
商代	상나라
为人所知	사람들에게 알려지지 않다
离奇	색다르다, 괴이하다, 기이하다
嘟囔	중얼거리다, 투덜거리다, 소곤거리다
国子监祭酒	국자감의 제주(국자감의 직제)
渊博	해박하다, (학식이) 넓고 풍부하다
颇有	적지 않다, 상당히 많다
无意中	무심코, 무심결, 무의식중
得知	알다, 알게 되다
收购	구입하다, 사들이다
经文	경문
大篆	(한자 서체의 하나) 대전
小篆	('대전'을 간략하게 변형하여 만든 것임) 소전
占卜	점치다
裂纹	갈라진 금, (도자기 표면에 장식용으로 낸) 잔금, 틈, 균열
天有不测风云	하늘에는 예측할 수 없는 풍운이 일어난다, 모든 사물에는 예상 못 할 일들이 일어난다
攻破	쳐부수다, 돌파하다, 무너뜨리다
线索	실마리, 단서
殉国	순국하다

제 1 과   갑골문과 한글

临终	임종
左思右想	이리저리 생각하다, 여러 가지로 생각하다
闭门谢客	방문객을 사절하다
诬陷	무함하다, 없는 사실을 꾸며 죄에 빠뜨리다
猖獗	창궐하다, 맹위를 떨치다, 성행하다
远古	상고(上古), 먼 옛날, 아득한 옛날
功夫不负有心人	노력은 뜻있는 사람을 저버리지 않는다, 공든 탑이 무너지랴
不懈	게을리하지 않다, 태만하지 않다
查证	검증하다, 조사하야 증명하다

◆ 본문 보기 ◆

01 갑골문

　내 앞에 있는 이 뼛조각은 보잘것없어 보이지만 가까이에서 자세히 보면 뼈에 새겨져 있는 깊고 얕은 글자를 보아낼 수가 있다. 바로 3,000년 전 중국 상나라 사람들이 사용했던 갑골문자이다. 갑골문은 중국 최초의 체계적인 문자라고 할 수 있으며, 갑골에 새겨져 있음으로써 붙여진 이름이다. 그러나 상나라가 멸망한 이후 이 문자들은 갑골이 땅에 묻히면서 알려지지 않았다가 청나라 말년에 이르러서야 이 문자들은 괴이한 방식으로 세상에 모습을 드러냈다.

　1899년, 중국 청나라 광서 시기의 어느 날, 한 노인이 집에 앉아 중약 더미에서 방금 꺼낸 뼛조각 몇 개를 들고 이리저리 뒤적거리며 쳐다보면서 계속 중얼거렸다. "이상하네, 이 위에 왜 글자가 있는 거지?" 이 노인의 이름은 왕의영(王懿榮)으로 중국 청나라 광서 시기의 국자감 제주였다. 국자감 제주는 지금의 대학 총장 직위에 해당한다.

　왕의영은 지식이 해박하고 고대 문자에 대해 연구를 많이 했다. 이날 그는 무심코 자신이 먹던 중약에서 문자 자국과 유사한 뼛조각 하나를 발견했고 이 약의 이름이 용골이라는 것을 알게 된 후, 그는 즉시 사람을 시켜 베이징(北京) 시내를 돌아다니며 용골을 사방에서 비싸게 사들였다. 일부 골동품 상인들은 이 소식을 들은 후, 잇달아 왕의영에게 전매한 문자가 새겨진 용골을 되팔았다. 어느 날 밤, 왕의영은 등불 아래에서 요며칠 동안 자기가 수집한 모든 용골을 자세히 보았고, 크고 작은 용골 조각을 한데 섞어 보았더니 놀랍게도 비교적 완전한 거북판 두세 개를 만들어 내게 되었다. 그는 문자 기호가 새겨진 이 용골들을 분류하여 배열한 후, 경문(經文), 대전(大篆), 소전(小篆)과 비교한 결과, 이 위의 글자가 당시 알려진 여러 가지 문자보다 더 오래된 것임을 발견했다. 왕의영은 이 용골들이 중국 은나라와 상나라 사람들이 점복(占卜)을 하는 데 사용했던 갑골일 가능성이 높다고 추측했다. 갑골은 바로 귀갑과 짐승뼈로, 이후 많은 전문가들의 고증을 거쳐 갑골의 기능은 왕의영의 추측대로 상나라 통치자들이 점치는 도구였던 것이다.

상나라 사람들은 점을 볼 때, 먼저 정리한 갑골 하나를 취하여 질문을 새긴 후 갑골을 뒤집어서 뒷면에 불을 붙여 금을 낸 다음 그 금의 방향과 길이에 따라 답을 찾아 갑골에 새기고 결과가 나오면 그 결과를 새겼다. 이 갑골문은 바로 점술의 과정과 결과를 기록한 글들로, 왕의영은 갑골 조각에 새겨진 글자가 상나라 사람들의 점술용 문자였다는 것을 우연히 발견했던 것이다.

비록 당시 왕의영은 갑골문의 중요성을 아직 파악하지 못했지만, 이 갑골들의 가치가 보통이 아니라는 것을 잘 알고 있었으므로 반드시 마음을 가라앉히고 잘 연구해야겠다고 생각했다. 그러나 하늘에는 예측할 수 없는 풍운이 있듯이, 1900년에 팔국 연합군이 베이징을 침공하여 자희태후가 황급히 도주하였고 베이징성은 함락되었으며 왕의영은 스스로 목숨을 끊어 순국하였다. 훗날 사람들은 왕의영을 '갑골문의 아버지'라고 불렀다. 이는 그가 갑골문을 처음 발견함으로써 상나라 사람들의 소리를 들을 수 있었기 때문이다. 왕의영이 남긴 이 갑골들은 후대의 학자들에게 어떤 역사적 단서를 제공했을까?

왕의영이 죽은 후, 그의 아들 왕숭렬(王崇烈)은 집에 소장되어 있는 1,500여 개의 갑골을 들여다보면서 '이 갑골들은 매우 중요한 유물이니 절대로 서양 열강의 손에 넘어가서는 안 된다'라는 아버지의 임종 때의 당부를 떠올렸다. 나라가 망하고 집안이 망하는 난세 속에서 왕숭렬은 이 갑골들을 신뢰할 수 있는 사람에게

제 1 과　갑골문과 한글

넘겨주려고 했다. 왕숭렬은 이리저리 생각하다가 한 사람이 생각났다. 바로 아버지의 절친한 친구이자 소설 <노잔유기(老殘遊記)>의 작가 겸 학자인 유악(劉鶚)이었다. 왕의영의 손에 있는 1,500여 개의 갑골은 유악이 인수했다. 유악은 왕의영이 남긴 1,500여 개의 갑골을 인수한 후, 골동품상으로부터 수천 개의 갑골을 지속적으로 구매했고, 그 이후로 문을 닫고 방문객을 사절하며 진지하게 연구하기 시작했다.

1903년, 유악은 갑골 1,000여 편의 글자를 뽑아 탁본하여 '철운장구(鐵雲藏龜)'를 편찬했다. 그러나 얼마 후 유악은 누명을 쓰고 신장(新疆)으로 유배되었고 얼마 지나지 않아 타향에서 객사했다. 유악이 억울한 죽음을 당한 후, 그의 가족은 생활이 어려워 갑골을 몇 차례 나누어 팔았는데, 이 갑골의 일부는 영국인이, 일부는 일본인이 인수하게 됨으로써 3,000년 넘게 땅속에 묻혀 있던 갑골이 빛을 본 지 얼마 되지 않아 해외로 유출될 운명에 놓이게 되었다. 갑골 도매(盜賣)가 기승을 부리고 국보가 급격히 유실될 즈음 갑골 연구사에 한 중요한 인물이 나타났는데, 그가 바로 나진옥(羅振玉)이다.

나진옥은 유악의 아들딸 사돈으로, 그는 중국 고대 금석명각에 대해 깊이 연구했다. 나진옥은 유악의 집에서 처음 갑골문을 보았을 때, 이 상고(上古)의 신비한 글자에 매료되었다. 그러나 그의 가장 큰 관심사는 이 갑골들이 어디에서 왔는지에 대한 것으로 이것이 밝혀져야만 이 갑골들의 배경과 맥락을 이해할 수 있었다. 그동안 골동품상들은 줄곧 갑골 시장을 독점하기 위해 갑골의 출토지를 비밀에 부쳐왔다. 이로 인해 왕의영이든 유악이든 그들은 모두 자신이 연구한 이 갑골들이 어디에서 유래했는지 몰랐던 것이다.

공든 탑이 무너지랴, 나진옥의 끈질긴 방문 끝에 어느 날 그는 술에 취해 실언을 한 골동품 상인으로부터 중요한 지명인 샤오툰을 듣게 되었다. 샤오툰은 중국 허난성 안양시(安陽市) 환허(洹河) 남안에 있는 한 촌락이다. <사기>에 의하면 '원수남(洹水南), 은허상(殷墟上)'이란 기록이 있는데, 여기가 바로 허난성 안양시의 환허 남안으로 은나라 상인들의 도읍지가 있었던 곳이다. 나진옥은 여러 고증을 거쳐 샤오툰촌이 바로 상나라 도성의 유전지인 은허(殷墟)의 소재지라는 결론을 내렸다.

◆ 말해 보기 ◆

1) 동영상을 듣고 위의 질문에 답해 봅시다.
    ① 갑골문은 언제 처음 발견되었는지 말해 봅시다.
    ② 갑골문의 용도는 무엇인지 말해 봅시다.
    ③ '갑골문의 아버지'로 불린 사람은 누구인지 말해 봅시다.

2) 다음 문장을 중국어로 번역해 봅시다.
    ① 갑골문은 중국 최초의 체계적인 문자라고 할 수 있으며, 갑골에 새겨져 있음으로써 붙여진 이름이다.
    ② 갑골은 바로 귀갑과 짐승뼈로, 이후 많은 전문가들의 고증을 거쳐 갑골의 기능은 왕의영의 추측대로 상나라 통치자들이 점치는 도구였던 것이다.
    ③ 공든 탑이 무너지랴, 나진옥의 끈질긴 방문 끝에 어느 날 그는 술에 취해 실언을 한 골동품 상인으로부터 중요한 지명인 샤오툰(小屯)을 듣게 되었다.

3) 동영상의 중심 내용을 요약해 봅시다.

4) 갑골문의 가치에 대해 말해 봅시다.

02 한글

제 1 과   갑골문과 한글

◆ 생각해 보기 ◆

1) 세종대왕이 한글을 만들게 된 이유에 대해 생각해 봅시다.
2) 한글 창제 원리를 생각해 봅시다.
3) 한글의 특성에 대해 생각해 봅시다.

◆ 들어 보기 ◆

[동영상]

◆ 단어 보기 ◆

반영하다	反映
체계	体系
지배계층	统治阶层
거의	几乎，差不多，快要，大多，将近
안타깝다	惋惜，难过
적합하다	适合，适当，合适
〈훈민정음〉	《训民正音》
논리적	论理的，逻辑的
개성	个性
타이포그래피	(typography) 印刷术，排印，版面设计
매력이 있다	有魅力，俏媚
본뜨다	效仿，仿效，效法，模仿，仿照
획	画，笔画
이끌다	带，牵，领，率领，牵引
결합하다	结合，联合，组合

이루어지다   形成，构成，组成
무수하다   无数，难以计数，数不胜数

◆ 본문 보기 ◆

　　15세기 이전에는 한국말을 적을 수 있는 고유의 문자가 없었기 때문에 중국의 한자를 빌려서 사용했습니다. 한자는 지배계층이 주로 사용했고 일반 백성들은 배울 수 있는 기회가 거의 없었습니다. 이를 안타깝게 여긴 세종은 한국어 표현의 가장 적합하고 모든 사람들이 쉽게 배워서 쓸 수 있는 문자인 훈민정음을 만들었습니다.
　　한글은 말소리의 특성을 글자 모양에 반영하여 새롭게 만든 문자입니다. 한글의 자음 기본 다섯 자는 혀, 입, 이, 목구멍 등 발음 기관을 본떠서 만들었습니다. 나머지 글자들은 여기에 획을 더해 만들었습니다. 한글의 모음 기본 세 자는 하늘, 땅, 사람의 모습을 본떠서 만들었습니다. 나머지 글자들은 이들을 서로 결합하여 만들었습니다. 한글은 자음과 모음으로 이루어져 하나의 음절로 모아 쓰는 문자입니다. 무수한 소리를 적은 수의 문자로 표현할 수 있습니다.
　　세종이 만든 자음 글자와 모음 글자를 모두 합하면 28자입니다. 이 중에서 옛이응, 반시옷, 여린 히읗, 아래아의 4자는 현대 한국어 표기에 사용하지 않습니다. 한국어의 말소리가 변화하면서 한국어를 적기 위해 만든 한글의 쓰임도 변화해 온 것입니다.
　　한국인의 삶과 문화를 이끌어온 한글, 한글을 알면 한국이 보입니다.

◆ 말해 보기 ◆

1) 동영상을 듣고 위의 질문에 답해 봅시다.
　　① 세종대왕이 한글을 만들게 된 이유에 대해 말해 봅시다.
　　② 한글 창제 원리를 말해 봅시다.
　　③ 한글의 특성에 대해 말해 봅시다.

제 1 과 갑골문과 한글

2) 다음 문장을 중국어로 번역해 봅시다.

① 15세기 이전에는 한국말을 적을 수 있는 고유의 문자가 없었기 때문에 중국의 한자를 빌려서 사용했습니다.

② 세종은 한국어 표현의 가장 적합하고 모든 사람들이 쉽게 배워서 쓸 수 있는 문자인 훈민정음을 만들었습니다.

③ 한글의 자음 기본 다섯 자는 혀, 입, 이, 목구멍 등 발음 기관을 본떠서 만들었습니다.

3) 동영상의 중심 내용을 요약해 봅시다.

4) 한글의 가치에 대해 말해 봅시다.

제2과 서예와 풍속화

◆ 학습 목표 ◆

1) 서예의 특성을 이해한다.
2) 풍속화의 특성을 이해한다.
3) 서예와 풍속화를 비교하여 그 차이를 한국어로 이야기 할 수 있어야 한다.

01 중국의 서예

◆ 생각해 보기 ◆

1) 서예의 특성에 대해 생각해 봅시다.
2) 서예의 기법에 대해 생각해 봅시다.
3) 디지털 시대에 따라 서예가 어떤 모습으로 발전해 가는지 생각해 봅시다.

제 2 과 서예와 풍속화

◆ 들어 보기 ◆

[동영상]

◆ 단어 보기 ◆

顿挫	(어조·음률 따위가) 멈추고 바뀌다, 기세가 갑자기 꺾이다
漂移	떠다니, 표류하다
熟悉	익숙하다, 친숙하다
千变万化	변화무궁하다
惊艳	(아름다운 사람이나 사물에 대해) 놀라다, 놀라 흠모하다
妙不可言	절묘하다, 이루 말할 수 없이 훌륭하다
讲究	소중히 여기다, 염두에 두다
精挑细选	엄선하다, 세심하게 고르다
松烟	송연
石砚	돌벼루
屏气	숨을 죽이다
徐, 徐徐	서서히, 천천히, 느리게
疾	빨리, 빠르게
流注	흘러 들다
细腻	섬세하다, 매끄럽다
渗透	침투하다, 스며들다
交融	뒤섞이다, 한데 어우러지다
玄机	현기, (도가에서 말하는) 현묘한 이치
辽阔	끝없이 넓다, 광활하다
顶天立地	하늘을 떠받치고 땅 위에 우뚝 서다
奔涌	솟구치다, 밀려오다
连绵不绝	끊임없이 이어지다, 끝이 없다

单调	단조롭다
蕴藏	매장되다, 잠재하다
飞檐	비첨
波磔	(한자의 서예 운필법의 일종) 파책
飘逸	표일하다, (풍채 등이) 뛰어나다; 날아 흩어지다, 둥둥 떠 흩어지다
魏晋	(220~589) 위진 시기
时而	때때로, 때로는, 이따금
悲恸	비통하다
风调雨顺	비바람 혹은 일이 매우 순조롭다. 날씨가 아주 좋다
癫狂	경솔하다

◆ 본문 보기 ◆

01 중국의 서예

중국 사람이 쓴 '중국'이라는 글자는 이런 형태일 수도 있고, 저런 형태일 수도 있다. 펜촉의 흐름을 따라 익숙한 네모난 글자 하나하나가 변화무쌍한 자태로 놀라움을 자아낸다. 우리는 마치 상황을 감지하고, 기분을 음미하며, 심지어 기묘한 상상을 유발하는 것 같다. 이 순간 이 글자는 단순히 정보를 기록하는 도구가 아니라 절묘한 중국의 아름다운 서예인 것이다. 중국 사람들이 중요시하는 것으로는 바로 펜은 동물의 털 중에서 신중하게 선택해야 하며, 먹물은 '무형화된 유형'의 소나무 연기에서 나온 것이어야 한다. 단단하고 매끄러운 돌벼루 속에서 이 투명한 검은 광택이 사방으로 번진다. 서예가는 숨을 죽이고, 붓끝에 먹물을 묻혀, 붓끝을 자유로이 움직이며, 다양한 형상의 화선지의 섬세한 섬유 사이에 흘리고, 침투하고, 섞이고, 염색하고, 올리고 누르며를 반복한다. 온 힘을 다하여 그려낸 한 점, 한 획엔 모두 법도가 있는 것이며 섬세한 동작 하나하나에도 현기가 숨어 있다.

옛사람들은 글자 연습을 할 때 산림과 광야에 머물며 구름과 바다를 보면서,

제 2 과 서예와 풍속화

자연에서 영감을 얻었다고 전해져 있다. 이 '횡(橫)'자는 지평선에서 고요히 흐르는 구름과 같이 조용하고 넓고 느슨하게 뻗어 있다. '수(竪)'자는 깊은 산속의 고목처럼 하늘을 이고 땅에 우뚝 서서 타협하지 않는 것과 같아서 이 글자를 쓰려면 화살이 활을 떠난 순간의 거대한 탄성을 느껴야 한다. 따라서 마치 파도가 밀려오듯, 함축된 힘이 끝없이 이어져 마지막 순간에 성난 파도가 해안을 때리는 것처럼 써야 한다. 가벼움과 무거움, 동적인 것과 정적인 삶의 깨달음 속에서 한 획을 그을 때마다 모두 자연의 정취가 묻어난다.

서예가의 한자 왕국은 '일(一)'자처럼 단순하더라도 절대 단조롭지 않고 다양한 필법이 숨어 있다. 붓끝은 먼저 역행하여 누르고, 돌리며, 오른쪽으로 움직여 천천히 들어올렸다가 다시 힘을 주면서 마지막으로 천천히 들어올리는데, 흐르게 뻗어 쓰는 '파책(波磔)'을 보고 있으니 마치 고대 건축물의 비첨(飞檐)과 같았다. 그리고 이 '지(之)'자 하나를 더 본다면 왕희지(王羲之)의 서예 기법으로 무려 21가지의 색다른 모습으로 바꾸어 쓸 수가 있다. 수천 년 동안 '파원이방(破圓而方, 원을 깨뜨리고 네모를 만든다)'을 시작으로 중국 사람들은 끊임없이 새로운 서예 기법을 만들어 갔다. 때로는 삼엄한 법도를 숭상하여 구조는 규칙적이고 딱딱하며 평온하고 대범하기도 하고, 때로는 단순함과 우아함을 추구한 자유분방한 필치는 예술적 경지에 대한 동경으로 가득차 있다. 그러나 항상 뜻밖의 놀라움도 있다. 어떤 사람은 엄격하고 공손한 흐름 속에서 위험을 무릅쓰고 광기를 불사하려 하고, 어떤 사람은 전통을 깨고 솜씨를 뽐내어 가늘고 날카로운 선을 이용하여 금속빛을 드러내기도 하며, 또 어떤 사람은 고풍스러움과 졸취를 보여주며, 어떤 사람은 개성을 뽐내어 독창적인 풍격을 보여주기도 한다. 더욱 묘한 것은 빠르고 느린 필치와 건습이 바뀌는 묵운을 통해 붓을 들었을 때의 다양한 심정을 읽을 수 있다는 것이다.

<난정서(蘭亭序)>에는 위진(魏晉) 시기 문인의 평온하고 여유로우며 자연스럽고 소탈함이 담겨 있다. 비록 오자와 누락이 있지만, 이 즉흥작은 여전히 천고에 전해지고 있다. 그리고 <제질문고(祭侄文稿)>는 크고 작은 수많은 글자를 수정하였고, 정서의 흐름 속에서 때로는 평온하고 때로는 비통함의 정서를 읽어낼 수 있다. 공기는 가벼운 연기처럼 허전하지만 사실은 거대한 산과도 같다. 그렇다,

이 선의 율동은 또한 사람의 율동이기도 하다. 역사의 흐름에서 웅장하거나 아담한 전당성관, 정자와 누각을 장식하고 있으며, 비바람이 순조롭고 온 집안이 행복하기를 바라는 백성들의 소박한 염원을 담고 있다. 이는 서예의 기교일 뿐만 아니라, 중국인들만이 가지고 있는 독특한 아름다움이다.

　　디지털 시대로 접어들면서 모든 것이 바뀌어 가지만, 서예는 중국 사람들의 생활공간 구석구석에 스며들어 있다. 변화 속에서 이 고요한 미(美)는 묵묵히 계승되어 더욱 힘차게 자라고 있다. 어떤 사람은 '집자(集字)'로 서정을 표현하며, 서예의 아름다움은 흥취의 상호작용을 통해 국경을 초월하여 전파된다. 또 어떤 사람은 '네모난 영문 글자'를 만들기도 하는데, 이는 동양적 의미의 서양적 표현으로 이 둘의 통합에 대한 공통된 꿈이다. 예술가의 기발한 아이디어 속에서 서예는 세계를 하나로 이어주었고 이 선으로 이루어진 세계 속에서 우리는 언제나 자신만의 우주를 찾을 수 있을 것이다. 그렇다면, 여러분은 또 어떤 묘미를 쓸 것인가?

◆ 말해 보기 ◆

1) **동영상을 듣고 위의 질문에 답해 봅시다.**

　　① 서예의 특성에 대해 말해 봅시다.

　　② 서예의 기법에 대해 말해 봅시다.

　　③ 디지털 시대에 따라 서예가 어떤 모습으로 발전해 가는지 말해 봅시다.

2) **다음 문장을 중국어로 번역해 봅시다.**

　　① 중국 사람들이 중요시하는 것으로는 바로 펜은 동물의 털 중에서 신중하게 선택해야 하며, 먹물은 '무형화된 유형'의 소나무 연기에서 나온 것이여야 한다.

　　② 이 '횡(橫)'자는 지평선에서 고요히 흐르는 구름과 같이 조용하고 넓고 느슨하게 뻗어 있다. '수(竪)'자는 깊은 산속의 고목처럼 하늘을 이고 땅에 우뚝 서서 타협하지 않는 것과 같아서 이 글자를 쓰려면 화살이 활을 떠난 순간의

제 2 과 서예와 풍속화

거대한 탄성을 느껴야 한다.
③ 또 어떤 사람은 '네모난 영문 글자'를 만들기도 하는데, 이는 동양적 의미의 서양적 표현으로 이 둘의 통합에 대한 공통된 꿈이다.

3) 동영상의 중심 내용을 요약해 봅시다.

02 풍속화

◆ 생각해 보기 ◆

1) 풍속화의 기원에 대해 생각해 봅시다.
2) 풍속화가 어떤 그림인지를 생각해 봅시다.
3) 풍속화의 특성에 대해 생각해 봅시다.

◆ 들어 보기 ◆

[동영상]

◆ 단어 보기 ◆

짐작하다	斟酌，酌量，估计
풍속화	风俗画
거스르다	溯，逆
선사시대	史前时代
엿보다	偷窥，窥视，打探
살피다	察看，观察，审视
교리	教理，教义
규장각	奎章阁（朝鲜时期的王室图书馆）
이끌다	拉，带，牵，领
부각하다	刻画，突出
지배층	统治层，统治阶层
바라보다	看，望，凝视，注视
포착하다	抓住，把握，领会
출제되다	出题
능수능란하다	烂熟，纯熟，娴熟，精通
비로소	才，方
우스꽝스럽다	（语言、行动、样子等）滑稽，可笑，好笑，搞笑
파격	破格
방만하다	散漫，懒散，随意，松懈
승화되다	被升华
대장간	打铁铺，铁匠铺
향피리	乡笛（一种韩国传统乐器）
사치	奢侈，奢华
시그널	（signal）信号，暗号

제 2 과 서예와 풍속화

◆ 본문 보기 ◆

지금 이곳 대한민국에서 살아가는 사람들의 일상과 생활 모습. 즉 그 시대에 유행하는 삶의 모습과 습관 등을 우리는 '풍속'이라고 하는데요. 사진도 영상도 없던 시절의 풍속은 어떻게 짐작할 수 있을까요? 당시 화가들이 남긴 그림 속에 답이 있는데요. 풍속화의 세계로 떠나볼까요?

풍속화의 기원은 시간을 거슬러 선사시대로 올라가는데요. 다양한 짐승과 사냥 등을 바위에 새긴 그림은 당시 사람들의 생활 모습을 보여주고 있습니다. 삼국시대, 특히 고구려 벽화에서도 당시 생활모습을 엿볼 수 있는데요. 주로 행차나 사냥에 관한 것이었죠. 조선 전기에는 왕이 백성의 삶을 살피거나 유교의 교리를 가르치고자 풍속 장면을 그렸는데요. 하나의 회화 장르로써 풍속화가 유행한 시기는 조선 후기로, 당대 풍속을 담았다고 하여 속화로 불렸습니다. 속화는 정조 이후 규장각 차비대령화원이 치르는 시험 주제로 자주 출제됐는데요, 그만큼 궁중 수요가 많았음을 짐작할 수 있습니다. 풍속화는 사람들의 생활상을 그린 그림으로 조선 후기 풍속화에는 당시 서민과 양반의 일상생활이 주로 담겼는데요. 풍속화 유행의 시작을 이끈 것은 바로 사대부 화가들이었습니다.

문인 출신인 윤두서는 서민의 노동하는 모습을 화면 중심에 부각해서 그리고 있는데요. 마치 산수인물화의 수려한 배경을 그려 놓고 주인공만 평범한 서민으로 바꾼 것 같죠. 또 조영석은 숙종의 어진을 모사해 달라는 영조의 부탁은 거절했으면서도 백성의 일상은 즐겨 그린 사대부 화가인데요. 두 화가는 서민의 일상을 관찰해 그리면서도 지배층의 시선에서 바라본 이상적인 노동과 삶을 화폭에 담아 내고자 했습니다. 이 같은 풍속화의 화풍은 김홍도와 신윤복이 등장하면서 크게 바뀌게 되는데요. 김홍도는 어떤 목적이나 이상이 아닌 일상 속에서의 우습고 재미난 장면을 포착해 화폭에 담아내는데 능수능란했습니다. 그 솜씨에 스승 강세황도 감탄을 아끼지 않았는데요.

당시 정조도 모두가 껄껄껄 웃을 수 있는 그림을 그리라고 주문하고 있듯이 풍속화 자체를 감상하고 즐기는 문화가 비로소 시작된 것입니다. 실제로 단원 풍속화의 특징은 비록 힘든 노동의 순간이라 하더라도 그 속의 미묘한 순간이나 우스꽝스러운 찰나를 포착하여 리듬감있고 역동적으로 표현하고 있다는 점인데요. 그의 그림에 담긴 해학과 풍자는 당시 많은 사람들에게 큰 웃음을 주었습니다. 또 혜원 신윤복은 남성 중심의 사회에서 여성을, 그것도 기생을 풍속화의 주인공으로 과감히 선택했는데요. 양반의 유흥과 남녀의 밀회를 은밀하고 세련되게 화폭에 담아 조선 사회에 파격을 던져주었습니다.

"왕권이 약회되는 순조 시절을 맞으면서 사회가 방만해진 사회 모습을 잘 담아낸 화가가 혜원 신윤복이죠. 여러 가지 사회적인 일탈의 모습들과 함께 (기생과) 양반층의 놀이를 여성 취향에 맞게 색깔을 아주 섬세하게 그리고 있고 최고의 그림을 묘사했다고 생각이 듭니다."

19세기 말에는 개항과 함께 외국인을 위한 풍속화가 그려지기 시작하는데요. 당시 인기 있었던 화가는 기산 김준근으로, 외국인이 궁금해할 만한 혼례나 장례, 형벌, 과거시험 같은 소재를 다루고 있습니다. 당시 외국인에게는 조선 사회의 모든 것이 호기심의 대상이었는데요. 대문 안의 생활을 엿보기에 풍속화만한 것이 없었던 것이죠.

조선 후기 하나의 화풍으로 자리잡으며 전성기를 누렸던 풍속화, 당시 상공업이 발달하면서 경제력을 갖춘 중인 및 서민 계층이 등장했고, 서민 문화에 대한 관심이 예술적으로 승화된 것인데요. 비단 조선만의 일은 아니었습니다.

"서양미술사에서도 17, 18세기를 통해서 풍속화들이 등장하고 중국 명,청시기에, 일본의 에도시대에 풍속화 혹은 춘화들이 크게 발달하죠. 그런 변화와 함께 조선 시대에도 인간의 삶이 예술의 대상으로 굉장히 중요한 의미를 지닌 것을 이제 풍속화가 보여주는 거죠."

풍속화에는 당시 사람들의 생각은 물론 생활 모습까지 담겨 있는데요. 조선 후기의 사회 모습을 풍속화로 만나볼까요?

김홍도의 풍속화에는 농업뿐 아니라 어업과 수공업, 상업 등 백성들의 삶의 현장이 등장하는데요. 대장간 그림에는 어린 견습생부터 숙련된 장인까지 역할을 나눠 분업을 하고 있는 모습도 보이고요. 조선 후기 인기 있는 기호품이었던 담배 만드는 과정도 등장하는데요. "올해 담배농사가 잘 되었군." 담뱃잎을 말려서 곱게 써는 작업이 한창입니다. 여름의 고된 작업에도 담배 농사가 풍년인지 다들 표정이 좋죠. 또 삼현육각의 연주와 무동의 공연이 민간에 널리 유행했다고 하는데요. 삼현육각은 전통음악의 악기 편성법 중 하나로 향피리와 대금, 해금, 장구, 북으로 구성되며 당시 민간의 잔치와 공연에서 연주를 했습니다. 자리를 짜는 아버지는 머리에 쓴 모자로 보아 양반 같은데요. "하늘 천 따지, 검을 현 누를 황", "글 읽는 소리 좋구나." 조선 후기에는 몰락한 양반이 노동을 하기도 했지만 자식 교육만은 멈추지 않았습니다.

신윤복의 풍속화를 보면 부유한 중인이나 양반을 중심으로 소비와 유흥문화가 발달했음을 짐작할 수 있는데요. 당시 유행했던 한강 뱃놀이를 포착한 그림, "오늘은 뱃놀이, 내일은 꽃놀이", 큰 배에 악공과 기생까지 동반하고 상중인 듯 흰 띠까지 두르고 나온 선비를 보니 사치 풍조가 만연했던 것을 알 수 있습니다. 사내들이 서서 술을 마시는 전형적인 선술집 풍경도 등장하는데요. 금주령을 해제한 정조 대에는 한양 도심에 술집과 기방이 증가했으며 술집에서는 싸움이 그치지 않았습니다.

"피지배계층의 생활상에 대해서 관심을 갖는다는 것은 역사적으로 굉장히 큰 의미가 있다고 생각을 합니다. (왜냐하면) 조선 후기에 유행했던 풍속화가 19세기에는 민화에 영향을 미치고 20세기, 21세기 와서는 대중문화하고 연결이 됩니다. 우리가 소위 말하는 밑으로부터 변혁의 시그널 역할을 한 것이 바로 저는 조선 후기 풍속화라고 생각을 합니다." 이렇듯 풍속화는 조선 사람들의 생각과 생활 모습을 포착해 오늘날 우리에게 많은 이야기를 들려주고 있습니다.

◆ 말해 보기 ◆

1) 동영상을 듣고 위의 질문에 답해 봅시다.
   ① 풍속화의 기원에 대해 말해 봅시다.
   ② 풍속화가 어떤 그림인지를 말해 봅시다.
   ③ 풍속화의 특성에 대해 말해 봅시다.

2) 다음 문장을 중국어로 번역해 봅시다.
   ① 풍속화는 사람들의 생활상을 그린 그림으로 조선 후기 풍속화에는 당시 서민과 양반의 일상생활이 주로 담겼습니다.
   ② 실제로 단원 풍속화의 특징은 비록 힘든 노동의 순간이라 하더라도 그 속의 미묘한 순간이나 우스꽝스러운 찰나를 포착하여 리듬감있고 역동적으로

표현하고 있다는 점입니다.
③ 풍속화는 조선 사람들의 생각과 생활 모습을 포착해 오늘날 우리에게 많은 이야기를 들려주고 있습니다.

3) 동영상의 중심 내용을 요약해 봅시다.

4) 서예와 풍속화의 가치에 대해 자기 의견을 말해 봅시다.

제3과 중의학과 종묘제례

◆ 학습 목표 ◆

1) 중의학의 역사와 특성을 이해한다.
2) 종묘제례 문화에 대해 이해한다.
3) 중의학의 특성에 대해 한국어로 이야기할 수 있어야 한다.

01 중국의 중의학

◆ 생각해 보기 ◆

1) 중의학의 기원에 대해 생각해 봅시다.
2) 중의학은 무엇을 상징하는지를 생각해 봅시다.
3) 중의학의 시조에 대해 생각해 봅시다.
4) 동인당의 기업정신을 생각해 봅시다.

韩国语视听说教程(四)(第3版)

◆ 들어 보기 ◆

[동영상]

◆ 단어 보기 ◆

博大	넓고 크다, 박대하다
延绵不断	끝없이 이어지다
真谛	진체, 진리, 도리, 참뜻
凝结	응결되다
根脉	발원지, 근맥
天人合一	(자연과 인간은 하나라는 사상을 뜻함) 천인합일
道法自然	(자연을 본받는다를 뜻함) 도법자연
《黄帝内经》	(가장 오래된 중국의 의학서) 〈황제내경〉
始祖	시조, 원조
《神农本草经》	〈신농본초경〉
《伤寒论》	〈상한론〉
云集	운집하다
古为今用	옛 것을 받아들여 현실에 적용하다
"武威汉简"	'무위한간'
沉淀	침전하다
"证治准绳·类方"	'증치준승·유방'
炮制	(중약 따위를) 정제하다
同仁堂	동인당
底蕴	내막, 실정, 오랜 연구로 깊이 쌓은 학식
根深蒂固	뿌리가 깊다, 고질이 되다

제3과 중의학과 종묘제례

01 중국의 중의학

　한 잎 향초, 한 가닥 약향기. 중국의 중의학은 넓고 심오하며 고대 처방은 부단히 맥을 이어간다. 중국 후베이성(湖北)과 산시성(陝西)의 접경지인 신농가(神農架) 산간 지역에서는 이곳이 신농(神农)이 백초를 맛본 곳이라고 한다. 백초를 맛본 신농씨를 시작으로 중의들은 거듭된 실험을 통해 중의학의 진리를 터득하였다.

　"중의학은 천연 식물 또는 동물 의약에서 유래한 것이며 의학의 주요 특징은 실천으로, 신농이 백초를 맛보는 것은 실천 의학입니다. 중약도 3,000년 이상의 역사를 가지고 있으며 선조들이 삶의 경험을 요약하여 점차적으로 형성된 의학입니다."

　중의학은 천인합일(天人合一, 하늘과 인간이 하나이다), 도법자연(道法自然, 도는 자연을 본받는다), 중화균형(中和平衡), 형신일체(形神一體)라는 사상을 담고 있으며 중화민족문화의 정신적 상징이다.

　<황제내경(黃帝內經)>은 중국 의학의 시조로 불린다.

　"현재 중의학의 기초이론은 주로 <황제내경>에서 비롯된 것입니다. <황제내경>이 나온 후, 중국 의학은 점차 성숙해져갔습니다."

　동한의 <신농본초경(神農本草經)>은 자연계의 다양한 식물의 약용가치를 기록하고 있으며, 장중경(張仲景)의 <상한론(傷寒論)>에 기록된 처방은 역대 의사들이 반복적으로 사용했다.

　"이 세 권의 책은 중의학 성숙의 상징으로써 수천 년 동안 고전 중의학에 영향을 미쳤습니다."

　이 고대와 현대 서적에는 고대의 방법들이 많이 들어있는데, 그 가운데 정수를 취하여 오늘날까지 사용하고 있다.

　"「무위한간(武威漢簡)」에는 중의학의 가장 오래된 처방 수십 곡이 기록되어 있습니다. 이 처방이 만들어진것은 하나의 발명으로, 특정 규칙에 따라 여러 중약을 복합 재료로 구성하였습니다. 중의학이 오래 지속되고 임상적으로도 효과적인 이유는 복합 제제와 밀접한 관련이 있습니다."

　중의학의 고대 처방은 역사의 침전과 오랜 세월의 흔적일 뿐만 아니라 과학적 방법을 사용하여 고대 처방을 연구하고 전통적인 것을 새롭게 만드는 것은 사람들의 삶과 시대와 밀접한 관련이 있으며 중의학 혁신의 시대적 사명이기도 하다. 경제우황해독편(京制牛黃解毒片)은 고대 처방전에서 좋은 약을 추출한 것으로 명나라 왕긍당(王肯堂)의 '증치준승·유방(證治準繩·類方)'에 나오는 처방전에서 나온 것이다.

　"중약재의 선택과 조제는 중국 동인당(同仁堂) 제약의 가장 큰 포인트라고 할 수 있습니다."

　조제 과정이 복잡해도 노동력을 절약할 수 없고, 약값이 비싸도 물력을 줄일 수 없다. 전통 처방을 현대 생산 공정으로 전환하면서 품질 속성의 일관성을 유지하는 방법은 고전 유명 처방의 연구 개발 과정에서 직면한 현실적인 문제이다.

　"수십 가지 약과 처방에 대한 증거 기반 평가는 모두 효능을 보여준 것으로 이는 우리가 시련을 견뎌냈다는 것을 보여줄 뿐만 아니라 중국 전통 의학의 주요 특징이자 장점입니다."

　인심을 중히 여기고 인술을 중요시함으로써 백년 동인당의 성실함과 문화적 소양을 만들어냈다.

　"동인당은 중국 전통 의학의 100년 문화의 정수를 계승해 왔습니다. 약품의 특징은 조제가 독특하고 좋은 원료를 선택하며 기술이 정교하며 치료 효과가 탁월하다는 것입니다. 덕과 건강을 지키는 것이 동인당의 기업의 사명이며 또한 동인당의 기업정신입니다."

　"여기에 있는 약들은 각각의 특별한 작용과 약물 간의 상호적인 작용은 이론적인 지침에 따라 질서가 있게 배합됩니다. 어떤 사람들은 중약을 복방(複方)이라고 부르는데, 이것은 엄격하지 않은 표현으로 처방제라고 부르는 것이 더 좋을 것입니다."

　옛것을 본받되 옛것에 얽매이지 말고, 고수하되 보수적이지 않으며 만물이 생겨

제 3 과   중의학과 종묘제례

나도 그 뿌리는 지켜야 한다. 중국 중의학 문화의 뿌리는 깊은 것으로 더욱 발전시키는 것이야말로 영원한 보호라 할 수 있다.

◆ 말해 보기 ◆

1) 동영상을 듣고 위의 질문에 답해 봅시다.
① 중의학의 기원에 대해 말해 봅시다.
② 중의학은 무엇을 상징하는지를 말해 봅시다.
③ 중의학의 시조에 대해 말해 봅시다.
④ 동인당의 기업정신을 말해 봅시다.

2) 다음 문장을 중국어로 번역해 봅시다.
① 한 잎 향초, 한 가닥 약향기. 중국의 중의학은 넓고 심오하며 고대 처방은 부단히 맥을 이어간다.
② 중의학은 천인합일(天人合一, 하늘과 인간이 하나이다), 도법자연(道法自然, 도는 자연을 본받는다), 중화균형(中和平衡), 형신일체(形神一體)라는 사상을 담고 있으며 중화민족문화의 정신적 상징이다.
③ 중의학의 고대 처방은 역사의 침전과 오랜 세월의 흔적일 뿐만 아니라 과학적 방법을 사용하여 고대 처방을 연구하고 전통적인 것을 새롭게 만드는 것은 사람들의 삶과 시대와 밀접한 관련이 있으며 중의학 혁신의 시대적 사명이기도 하다.

3) 동영상의 중심 내용을 요약해 봅시다.

02 한국의 종묘제례

◆ 생각해 보기 ◆

1) 종묘제례는 언제 봉행하는지 생각해 봅시다.
2) 종묘제례의 절차에 대해 생각해 봅시다.
3) 종묘제례 문화에 담긴 함의를 생각해 봅시다.

◆ 들어 보기 ◆

[동영상]

◆ 단어 보기 ◆

이어지다	接上，连上
왕세자	王世子
종친	宗亲，皇族
문무백관	文武百官
신주	灵牌，神主

제 3 과   중의학과 종묘제례

봉행되다	奉行
치르다	考，办，处理，操办
초헌관	初献官
신선하다	新鲜，清新，清凉
힘쓰다	用劲，用功，努力
불사르다	烧掉
관제	官制
엄선하다	严格选拔，严格筛选
버무리다	混和，搅拌，搅和
축문	祭文
종묘제례악	宗庙祭礼乐
향악	乡乐，民乐
월대	月台
문공	文功
무공	武功，军功
칭송하다	称颂，称道，赞颂

◆ 본문 보기 ◆

　이 길은 600년 전부터 이어져왔다. 왕과 왕세자, 종친과 문무 백관들, 수백 명의 사람들이 모여 장대한 행렬을 이루었다. 이 길을 거쳐 그들이 향하는 곳은 오직 하나였다. 조선의 역대 제왕들을 다시 만나는 자리 종묘제례, 600년의 길을 따라 오늘 우리는 종묘제례로 향한다.

　종묘제례는 왕이 친히 문무 백관과 종친을 거느리고 고인이 된 조선의 왕들을 기리는 제사이다. 과거에는 1년에 5번 절기에 따라 봉행됐으며 나라의 대소사가 있을 때도 치러졌었다. 지금은 매년 5월 첫째 일요일에 봉행되는데 왕조의 조상들께 예법 그대로 제향을 올리는 의식은 전 세계 어느 곳에서도 찾아볼 수 없다.

　집사들이 신주장에서 신주를 봉출했다. 제사 받으실 자리로 신주를 모시는 것이다. 유교 국가 조선에서 신주는 왕들의 혼이 담긴 신성하고 신령한 존재였다. 초헌관이

된 왕이 신실로 입장했다. 이날을 위해 왕은 몸과 마음을 정결케 하는 데 힘써왔다. 지난 7일간 음악을 듣지 않았고 문상도 하지 않았으며 그 외 불길한 모든 일을 철저히 금 해왔다.

조선 사람들은 사람이 죽으면 혼과 백으로 분리돼 혼은 하늘로 육체인 백은 땅으로 간다고 믿어 왔다. 신들을 맞이하기 위해선 혼과 백을 모두 온전히 모셔야 한다. 하늘의 혼을 모시는 의식인 삼선향, 향을 3번 나누어 향로에 넣고 불사른다. 관제는 지하에 백을 깨우는 의식이다. 향기로운 술, 울창주를 바닥에 있는 구멍에 붓고 관제통을 채운다. 이때 술를 3번 나누어 따르는 것을 잊지 않는다. 재수를 올리기 전 먼지가 들어가지 않도록 싸두었던 복지를 벗긴다. 재물로는 곡식이나 고기를 익히지 않고 올리는데 이는 선사시대부터의 오랜 전통을 계승한 것이다. 왕실 조상에 대한 보답의 의미로 드리는 제수인만큼 조선 팔도 최고의 것들만 엄선해 올린다.

제사에 올리는 짐승의 털, 피, 간, 기름은 쑥과 초, 기잔과 함께 버무려 화로에 넣고 태운다. 이 의식에서는 건강한 짐승을 잡았다는 것을 증명하고 연기를 통해 신께서 잘 받으셨다는 것을 확인한다. 이제 신께서 즐기실 차례가 되었다. 돌아가신 선왕 들께 첫 술잔을 올리는 의식인 초헌례, 종료제례의 봉행 때 왕이 초헌관이라 불리는 것은 이 때문이다. 첫 잔을 올린 후에는 대축관이 제사에 이유를 구하는 축문을 읽는다. 축문이 끝나면 두 번째 잔은 왕세자가, 세 번째 잔은 영의정이 올린다.

종료제례에는 시작부터 마지막까지 함께 하는 음악이 있다. 종묘제례악이다. 종묘제례악의 작곡자는 우리에게 너무나 잘 알려진 세종대왕, 세종은 우리의 조상을 모시는 제향의 자리를 더욱 빛내기 위해 우리의 음악인 향악을 이용하여 곡을 짓고 역대 조상들의 문공과 무공을 칭송하는 가사를 붙였다. 왕실 조상과 후손이 만나는 기쁨의 자리, 음악이 가는데 어찌 춤이 따라가지 않을까. 월대에 선 일무원들은 구름에 달 가듯 혹은 은어가 강물을 거스르는 듯 왕조의 문공과 무공을 칭송한다.

이로써 신들이 즐기시는 모든 절차가 끝났다. 이제는 조상이 복을 내려 줄 시간이 되었다. 왕은 제사에 쓰인 곡주와 주육을 먹으며 역대 선언들께서 내린 복을 입는다. 음복을 마친 왕은 판 위로 내려와 무릎을 꿇고 네 번 절한다. 국공 4배라는 예를 다한 절을 올림으로써 내려주신 복에 대해 감사의 마음을 표현하는 것이다. 만남의 때가 있어 함께 했지만 어느덧 이별의 때가 찾아왔다. 부디 가시는 길 본래 계셨던 곳으로 무사히 돌아가시길 기원하여 축문과 폐백을 태운다.

모든 재관들이 마지막 인사로 국공 4배를 올리면 이것으로 종료제례는 끝을 맺는다. 자식이 떠나간 어버이를 만나러 가는길, 왕이 조선의 역대 제왕들을 뵈러 가는 길, 6백 년을 이어져 온 길, 종묘제례는 오늘도 계속된다.

◆ 말해 보기 ◆

1) 동영상을 듣고 위의 질문에 답해 봅시다.
　① 종묘제례는 언제 봉행하는지 말해 봅시다.
　② 종묘제례의 절차에 대해 말해 봅시다.
　③ 종묘제례 문화에 담긴 함의를 말해 봅시다.

2) 다음 문장을 중국어로 번역해 봅시다.
　① 종묘제례는 왕이 친히 문무 백관과 종친을 거느리고 고인이 된 조선의 왕들을 기리는 제사이다.
　② 재물로는 곡식이나 고기를 익히지 않고 올리는데 이는 선사시대부터 오랜 전통을 계승한 것이다.
　③ 왕실 조상과 후손이 만나는 기쁨의 자리, 음악이 가는데 어찌 춤이 따라가지 않을까.

3) 동영상의 중심 내용을 요약해 봅시다.

제4과 24절기와 첨성대

◆ 학습 목표 ◆

1) 24절기의 특성에 대해 이해한다.
2) 첨성대의 특성과 역할에 대해 이해한다.
3) 24절기에 대해 한국어로 이야기할 수 있어야 한다.

01 중국의 24절기

◆ 생각해 보기 ◆

1) 24절기의 기원에 대해 생각해 봅시다.
2) 24절기에는 어떤 절기들이 있는지 생각해 봅시다.
3) 24절기의 역할에 대해 생각해 봅시다.

제 4 과 24절기와 첨성대

◆ 들어 보기 ◆

[동영상]

◆ 단어 보기 ◆

物阜民丰	산물이 풍부하고 민중의 생활이 풍요롭다
国泰民安	나라가 태평하고 국민의 생활이 평안하다
五谷丰登	오곡이 풍성하다
轮回	순환하다, 윤회하다
二十四节气	24절기
西周时代	서주 시대
开创者	개척자
周武王	(인명) 주무왕
朝廷	조정
测量	측정하다
投影	투영, 투영되다
惊奇	기이하다, 놀랍고도 의아하다, 이상하게 여기다, 이상하여 놀라다
居然	뜻밖에, 의외로
昼夜	주야, 밤낮
粗略	대충하다, 대략하다
对接	(의견 따위를) 맞추어 보다, 맞물리다
命名	명명하다, 이름을 짓다
惊蛰	경칩
《淮南子·天文训》	〈회남자·천문훈〉
端点	끝점, 단점, (사물의) 기점이나 종점
惊蛰	경칩

· 33 ·

耽搁 머무르다, 지체하다, 시간을 허비하다
霜降 상강
兴修 (대규모의) 공사를 일으키다, 건설하다

◆ **본문 보기** ◆

01 중국의 24절기

오곡이 무르익어, 곡식이 집 안에 한가득하다. 위대한 사학자 사마천(司馬遷)이 <사기·순우곤전(史記·淳於髡傳)>에 쓴 한구절로, 산물이 풍부하고 민중의 생활이 풍요로우며, 국민의 생활이 평안하리라는 옛사람들의 기대를 보여준다.

농업으로 번영을 이룬 고대 중국에서는 천하의 수확과 오곡의 풍성 여부는 주로 하늘에 의존할 수밖에 없으므로 고대인들은 사계절의 순환과 날씨의 변화를 정확하게 파악하고 자연법칙에 따라 효과적인 역법 제도를 제정하여 농업생산과 사람들의 삶을 지도하게 되었는데, 이것이 바로 2천여 년 이상 지속되어 온 24절기이다.

24절기의 유래는 3,000년 전 서주(西周) 시대로 거슬러 올라갈 수 있다. 고성(告城)은 옛날에는 양성(陽城)으로 불렸는데, 하나라(夏朝)의 도성 중 하나이다. 서주 시대에 중국 고대 일련의 법전 제도의 창시자이자 성인(聖人)으로 알려진 주무왕(周武王)의 동생 주공(周公)이 이곳에서 해의 그림자 길이를 측정했다. 하나라 시대(夏代)에 옛사람들은 사계절의 해의 그림자가 변하는 것을 일찍이 발견하였는데, 겨울에는 나무 그림자가 길고 여름에는 나무 그림자가 짧은 것을 보고 조정(朝廷)에서 사람을 보내어 해의 그림자를 측정하였다.

측정의 편리를 위해 고대인들은 땅에 막대기를 세우고 자를 놓아두었으며 매일 정오에 막대기의 투영 길이를 측정하였다. 이러한 일영(日影)정력법 방식을 규표(圭表) 측영법이라고 한다. 세워져 있는 막대기를 시계라고 하고, 땅바닥에 있는 자를 규(圭)라고 한다. 주공 측영대는 당시 주공이 해의 그림자를 측정하던 규표를 본떠 만든 것이다. 전설에 따르면 주공은 당시 이런 규표로 이곳에서 해의 그림자 측량을 주관했다고 한다. 옛사람들은 측량을 거쳐 일년 중 해와 그림자가 가장 긴 날은 항상 겨울이 다가오는 어느 날이며 매년 이런 현상은 변하지 않는다는 것을 발견했다. 그래서 주공은 이 날을 겨울이 왔다는 뜻의 동지라고 불렀고, 이것은 24절기 중에서 가장 먼저 오는 절기이다.

동지 절기를 확인한 후, 주공은 동지에서 그 다음 동지일까지 약 365일의 간격이 있는데, 이것이 바로 1년의 길이라는 것을 발견했다. 이는 24절기가 태양 주기의 움직임을 관찰함으로써 고대인들이 형성한 시간 지식 체계이기 때문에 매우 중요하다. 1년의 길이가 정해져야 이를 바탕으로 다른 절기를 확정지을 수 있다.

옛사람들은 계속해서 해의 그림자 길이를 측정함으로써 확실히 일 년 중 해의 그림자가 가장 짧은 날을 찾았고, 이날은 항상 여름의 어느 날에 나타남으로 이 날을 곧 하지라고 불렀다.

그 후 고대 사람들은 동지부터 하지까지의 일수(日數)가 하지부터 동지까지의 일수와 거의 같고, 동지와 하지가 한 해를 딱 반으로 나눈다는 사실에 놀랐다. 동지와 하지 외에도 고대인들은 봄의 어느 날과 가을의 어느 날 그림자의 길이가 같으며 이 두 날은 낮과 밤이 똑같다는 것을 발견하고는 이 날을 춘분과 추분이라고 불렀다.

1년을 양분하는 동지, 하지, 춘분, 추분은 양지양분(兩至兩分)이라고도 불리며 주공이 살았던 서주 시대에 생겨난 것이다. 양지양분이 확정된 후에도 옛사람들은 1년을 4분기로 나누는 것이 너무 간단해서 농업 생산과 사회 생활에 대한 정확한 시간 지침을 제공할 수 없다고 생각하여 양지양분을 다시 나누게 됨으로써 4개의 새로운 분점이 생겨났다. 이 네 개의 새로운 분점은 각각 봄, 여름, 가을, 겨울이 막 시작된 어느 날에 나타나는데, 입춘, 입하, 입추, 입동이라 불렀으며 동지, 하지 그리고 춘분 그리고 추분과 함께 8절기라고 불리며 24절기 중 가장 중요한 8절기가 되었다.

8절기의 출현은 춘추 중후기, 전국시대 초기즈음, 사람들은 8절기를 토대로 가일층 세분화하였다. 기후, 계절, 농사철 등의 특성에 따라 8절기를 각각 세 시기로 나누었고 한 시기는 약 15일이다. 이렇게 되면 음력 한 달은 약 30일

정도와 맞물린다. 한 달은 마침 두 개의 절기로, 각 절기는 약 15일, 일 년에 24개의 절기이다.

　24개의 절기를 나눈 후, 어떻게 명명하고 전후 순서를 배열한 것일까? 전국 시기에는 각 나라마다 다른 것으로 경칩을 계칩, 소한을 초한, 하지를 일장지, 동지를 일단지로, 이외에도 경칩을 우수 전에, 곡우를 청명 전에 두기도 하였다.

　한나라에 이르러 천하가 다시 통일된 후, 서한(西漢)의 유안(劉安)이 편찬한 <회남자·천문훈(淮南子·天文訓)>에는 현재의 명칭과 거의 일치하는 24절기가 그대로 실려 있다.

　24절기가 정해지면 옛사람들은 그것들을 차례로 하나의 원에 표시하기 시작하여 24개의 점을 원의 중심과 연결한 다음, 이에 따라 각 절기의 시작점을 시작으로 각 절기의 해의 그림자 길이를 원의 중심과의 연결선에 배치하고 마지막으로 각 절기의 끝점을 연결했다. 태양의 그림자가 덮인 부분은 회색이고, 해의 그림자가 덮이지 않는 부분은 흰색이며, 추분, 춘분, 원의 중심 사이의 두 개의 중심점을 더하면 모양이 마치 태극도와 같은데, 이는 태양의 운행 법칙을 말해준다. 음양의 전환이란 사계절의 온도 변화의 결과이다. 태극도의 기원과 발견한 자에 대해서는 현재 의견이 분분하지만, 많은 학자들은 그가 옛사람들의 일영 측정에서 비롯되었을 가능성이 높다고 보고 있다.

　24절기가 정해진 후 사람들은 절기에 따라 농업 생산을 준비할 수 있다. 예를 들어 경칩 후에 밭을 갈기 시작하고 춘분이 지나면 씨를 뿌려야 하며, 청명절 전후에 과(瓜)류와 콩을 심어야 하며, 망종에는 수확과 파종을 병행하는 중요한 절기이다. 북방의 농부들은 밀을 수확하고 옥수수를 심느라 바빠서 잠시도 지체할 수 없다. 그렇지 않으면 농사철을 놓치 게 된다. 상강 절기는 중요한 알림으로, 날씨가 곧 추워진다는 것을 의미하는 것으로 사람들은 밭의 농작물을 서둘러 수확해야 하고 입동 이후 북방은 농한기에 접어든다. 조정은 종종 사람들을 조직하여 수리 공사를 하고 변방 요새를 건설하며 군사 무예를 익히기도 한다.

제 4 과   24절기와 첨성대

◆ 말해 보기 ◆

1) 동영상을 듣고 위의 질문에 답해 봅시다.
   ① 24절기의 기원에 대해 말해 봅시다.
   ② 24절기에는 어떤 절기들이 있는지 말해 봅시다.
   ③ 24절기의 역할에 대해 말해 봅시다.

2) 다음 문장을 중국어로 번역해 봅시다.
   ① 측정의 편리를 위해 고대인들은 땅에 막대기를 세우고 자(尺子)를 놓아두었으며 매일 정오에 막대기의 투영 길이를 측정하였다.
   ② 동지 절기를 확인한 후, 주공은 동지에서 그 다음 동지일까지 약 365일의 간격이 있는데, 이것이 바로 1년의 길이라는 것을 발견했다.
   ③ 태양의 그림자가 덮인 부분은 회색이고, 해의 그림자가 덮이지 않는 부분은 흰색이며, 추분, 춘분, 원의 중심 사이의 두 개의 중심점을 더하면 모양이 마치 태극도와 같은데, 이는 태양의 운행 법칙을 말해 준다.

3) 24절기의 특성에 대해 간단하게 말해 봅시다.

◆ 생각해 보기 ◆

1) 첨성대 이름의 의미에 대해 생각해 봅시다.
2) 첨성대의 특성에 대해 생각해 봅시다.
3) 첨성대의 역할에 대해 생각해 봅시다.

◆ 들어 보기 ◆

[동영상]

◆ 단어 보기 ◆

다스리다	治理，管理，统治
관찰하다	观察，察看
반월성	半月城
대릉원	大陵苑
첨성대	瞻星台
우아하다	优雅，文雅，雅致
유려하다	流丽
첨성대	瞻星台
천문대	天文台
천원지방	天圆地方
정남	正南
우러러보다	仰望，仰视，仰观
새겨지다	印入，印刻
책무	职责，职务，责任
아득하다	遥远，渺远
어질다	仁慈，善良，良善

제 4 과 24 절기와 첨성대

◆ 본문 보기 ◆

　하늘을 읽는 것은 시간을 읽는가. 세상을 다스리는 지혜를 얻는 것, 1,300여 년 전 하늘의 움직임을 관찰하던 신라시대 건축물 첨성대입니다.
　반월성과 대릉원 사이 벌판, 수백 개의 돌을 쌓아 만들어진 우아하고 유려한 곡선의 첨성대가 자리하고 있습니다. 우리나라 최초이자 세계에서 가장 오래된 천문대 첨성대, 이 건축물에는 동양의 전통적 사상 천원지방의 이치가 담겨 있습니다. 정남에서 동쪽으로 19도 기울어져 선 자리, 시간을 알려주는 별자리인 북두칠성을 1년 12달 볼 수 있는 위치입니다.
　첨성대, 별을 관찰하는 것이 아니라 우러러 본다는 뜻입니다. 첨성대 아로 새겨진 것은 시간입니다. 회전 곡면에 쌓인 돌 362개, 1년의 시간입니다. 다리 12번 제 모습을 찾는 일련의 시간과 씨를 뿌리고 수확하는 인간의 시간 24절기가 맞닿아 있습니다. 그리고 최상단까지 30단은 30일 한 달을 상징합니다.
　하늘을 본다는 것은 시간을 알아 내일을 예측할 수 있다는 것, 절대 권력이란 천문을 읽는 능력이기도 했습니다. 다가올 계절과 날씨를 읽어 백성을 보살피는 일, 그것이야말로 지도자의 권력이자 책무였죠. 첨성대가 세워진 후 신라의 천문관직기록은 4배나 늘었습니다. 천문관측의 틀이 세워진 셈이죠. 아득한 옛날부터 밤하늘에 띄워져 왔던 28개의 별자리, 그들이 밤하늘에서 만난 것은 무엇이었을까요?
　하늘을 읽고 시간을 다스려 백성들의 풍요로움을 지키고자 했던 신라인들, 하늘을 읽어 어진 정치를 펴고자 했던 동양 최고의 천문대, 천년의 관측소, 하늘을 우러러보는 곳, 첨성대 위로 1,300여 년이 지난 오늘도 해가 지고 달이 차고 별이 뜹니다.

◆ 말해 보기 ◆

1) 동영상을 듣고 위의 질문에 답해 봅시다.
　① 첨성대 이름의 의미에 대해 말해 봅시다.
　② 첨성대의 특성에 대해 말해 봅시다.
　③ 첨성대의 역할에 대해 말해 봅시다.

2) 다음 문장을 중국어로 번역해 봅시다.

① 반월성과 대릉원 사이 벌판, 수백 개의 돌을 쌓아 만들어진 우아하고 유려한 곡선의 첨성대가 자리하고 있습니다.

② 하늘을 본다는 것은 시간을 알아 내일을 예측할 수 있다는 것, 절대 권력이란 천문을 읽는 능력이기도 했습니다.

③ 첨성대는 하늘을 읽고 시간을 다스려 백성들의 풍요로움을 지키고자 했던 신라인들, 하늘을 읽어 어진 정치를 펴고자 했던 동양 최고의 천문대이다.

3) 동영상의 중심 내용을 요약해 봅시다.

4) 24절기와 첨성대의 관계에 대해 말해 봅시다.

제5과 십이지신과 판소리

◆ **학습 목표** ◆

1) 중국 십이지신의 역사와 특성에 대해 이해한다.
2) 한국의 판소리 문화에 대해 이해한다.
3) 십이지신 문화를 한국어로 이야기할 수 있어야 한다.

01 중국의 십이지신

◆ **생각해 보기** ◆

1) 십이지신은 무엇을 의미하는지 생각해 봅시다.
2) 십이지신의 순서에 대해 생각해 봅시다.
3) 나라마다 십이지신이 어떻게 다른지를 생각해 봅시다.

◆ 들어 보기 ◆

[동영상]

◆ 단어 보기 ◆

地支	지지 (십이지지)
属相	띠
《宇文护传》	〈우문호 전기〉
表明	나타내다, 표명하다
自古以来	자고로, 예로부터
转换	전환하다, 바꾸다
汉朝	한나라
周期	주기
闰月	윤달
添加	첨가하다, 늘리다
照顾	고려하다, 돌보다
平复	평온한 상태로 돌아가다, (마음이) 가라앉다, (질병이나 상처가) 회복되다
虚岁	세는 나이, 만나이
本命年	번밍니엔(출생한 해의 띠)
彝族	이족
趋吉避凶	길함을 쫓고 흉함을 피하다
维吾尔族	위구르족
柯尔克孜族	키르기즈족

제 5 과 십이지신과 판소리

◆ 본문 보기 ◆

01 중국의 십이지신

　십이지신은 십이지지(十二地支)를 나타내는 12가지 동물로 쥐, 소, 호랑이, 토끼, 용, 뱀, 말, 양, 원숭이, 닭, 개, 돼지를 말한다. 십이지신은 속담에서 말하는 열 두개의 띠를 가리키는 것으로, 중국 사람들의 출생 시기를 나타내는 방법인데 중국문화의 영향을 받은 여러 나라에서도 널리 사용된다.
　중국의 음력 기년(紀年)은 10개의 천간에 12개의 지지를 차례로 배열한 것으로 십이지신 중 12종의 동물은 마침 12개의 띠를 대표하며, 그 순서로는 자쥐, 추우, 인호, 묘토, 진룡, 사사, 오마, 미양, 신후, 유계, 술견, 해저이다. 사람들은 해당 지지(地支)에 속하는 동물을 그 해의 대표로 정하는데, 어느 해에 태어난 사람은 그 해의 동물과 같은 띠를 가지게 된다. 예를 들면, 인년(寅年)에 태어난 사람들은 호랑이띠, 묘년(卯年)에 태어난 사람들은 토끼띠이다. 먼 옛날 동한(東漢)시대에도 지금과 똑같이 십이지신이 유행하기 시작한 것으로, 십이지신은 적어도 남북조시대에 이미 인간의 띠로 사용되었을 것이다. 북사의 <우문호 전기>(《宇文護傳》)에는 우문호의 어머니가 그녀에게 쓴 편지가 기록되어 있는데, 편지에 따르면 우촨진(武川鎮)에서 태어난 여형제는 맏이가 쥐띠, 둘째는 토끼띠, 자신은 뱀띠였다고 하였는 바, 당시 민간에서는 십이지신을 보편적으로 사용하여 사람의 생애를 기록하였음을 보여준다.
　십이지에 속하는 12종의 동물은 음력 간지 기년과 함께 일 년에 한 번씩 바뀌는데, 우리는 중국의 음력설이 정월 초하루, 즉 춘절이라는 것을 알고 있다. 자고로 이날은 새로운 한 해의 시작을 의미하므로, 해마다 띠 동물의 전환도 춘절 바로 이 날이 아닐까?
　중국 고대 시기에는 십이지간 동물의 전환은 음력 정월 초하루가 아니라 매년 입춘날이었고 한나라(漢朝)가 양력을 만든 후부터 음력 정월 초하루는 신정이라 불렸으며 입춘날은 설날로 정하였다. 입춘은 음력 천간지지 기년 중 해가 바뀌는 첫 날이기 때문에 옛사람들의 역법은 천상의 변화에 따른 것이다.

달이 지구를 한바퀴 돌면 음력 중 한 달로 일년은 12개월이다. 그러나 달이 지구를 12바퀴 도는 기간은 354일로 지구가 태양을 한 바퀴 도는 365일보다 11일 적다. 태양년 주기를 맞추기 위해 음력은 몇 년에 한번씩 윤달을 추가하여 조정할 수밖에 없었으므로 매년 정월 초하루의 시간은 전년도와 다르다.

농경의 필요로 매년 절기 시간은 정확해야 하는데, 이는 태양의 위치를 관찰하여 결정한 다음 천문학을 관리하는 기관에서 매년 음력에 추가해야 한다. 한나라 때부터 이런 원단(元旦, 신정)과 춘절의 위치는 2,000여년 간 지속되어 왔으며, 민국에 이르러서야 변화가 발생했다.

1912년에 새로 설립된 민국 정부는 민국기년을 사용하고 양력을 사용한다고 선언했다. 또 1912년부터는 양력 1월 1일을 신정으로 정했다. 이리하여 전통적인 음력 정월 초하루의 원단의 지위가 박탈되었고 이 결정은 즉각 민간의 반대를 받았다.

중화인민공화국 정부는 국민의 명절 수요를 충족시키기 위해 1914년 1월에 음력 정월 초하룻날을 춘절로 변경하는 법률을 공포하여 국민의 마음을 진정시켰다. 중화민국 초기의 원단과 춘절 조정으로 입춘은 춘절이라는 칭호를 잃었고, 이는 십이지신 전환에 문제를 일으켰다. 입춘을 기준으로 할 것인가, 아니면 춘절과 함께 음력 정월 초하루로 바꿀 것인가. 정부는 이에 대한 규정을 둔 적이 없기 때문에 민간에서는 이 두 가지 주장이 다 나왔던 것이다.

현재 중국은 음력과 양력으로 알려진 농력과 공력이라는 두 가지 기년 방법을 여전히 사용하고 있다. 습관적으로 한 사람의 음력 생일은 태어난 날부터 한 살로 간주하지만, 양력 생일은 일 년이 지나야 한 살로 간주된다. 그래서 음력 생일은 양력 생일보다 한 살 더 많은 것으로 이 한 살 더 많은 것을 세는 나이(虛歲)라고 하는데, 더 재미있는 것은 어떤 사람은 세는 나이가 두 살 더 많을 수도 있다. 예를 들어 2013년 새해 첫날 태어난 아이가 아직 입춘이 되지 않았기 때문에 음력으로 따지면 용띠이고 태어난 그날부터 한살이 되는 것이다. 2013년 입춘은 2월 4일로 입춘과 함께 진룡의 해가 사사(巳蛇)의 해로 바뀌었고, 해가 바뀌면서 한 살 더 먹는 바람에 불과 한 달여 만에 세는 나이 한 살에서 두 살 더 먹는 해로 바뀐 것이다. 또한 십이지의 순환이 반복되기 때문에 12년이 지날 때마다 사람들은 자신의

제 5 과 십이지신과 판소리

띠와 같은 해를 번밍니엔(本命年)이라고 한다.
　민간에 있는 많은 지역의 풍습은 번밍니엔에는 매년 빨간 벨트를 사서 묶어 빨간 리본을 만들고, 어떤 사람들은 빨간 러닝셔츠와 빨간 팬티를 입어 길함을 쫓고 흉함을 피하며 재난을 없애고 화를 면하기를 기원한다. 다민족 국가인 중국에서도 많은 소수민족들이 십이지신을 사용하지만 동물 선택에서 다소 차이가 있다. 예를 들어 구이저우성(貴州)과 광시좡족자치구(廣西壯族自治區) 지역의 이족의 십이지신은 용, 봉황, 말, 개미, 사람, 닭, 개, 돼지, 참새, 소, 호랑이, 뱀이고 윈난성(雲南) 다이족은 큰 뱀으로 용을 대신하고 코끼리로 돼지를 대신하였으며 신장(新疆) 위구르족은 물고기로 용을 대신하고 키르기즈족은 여우로 원숭이를 대신하였다.
　십이지신 풍습은 중국 주변국에도 영향을 미쳤는데, 예를 들어 조선의 십이지신은 중국과 완전히 일치하고, 베트남의 십이지신에는 토끼가 없고 고양이가 있으며, 인도에서는 호랑이 대신 사자를, 닭 대신 카나리아를 사용한다.
　이로부터 알 수 있듯이, 각 민족은 십이지신을 선택할 때 생활 환경이 다르기 때문에 일반적으로 비교적 친근한 동물을 띠 동물로 선택한 것으로 이는 십이지 문화에도 일정한 차이를 가져왔다.

◆ 말해 보기 ◆

1) 동영상을 듣고 위의 질문에 답해 봅시다.
　① 십이지신은 무엇을 의미하는지 말해 봅시다.
　② 십이지신의 순서를 말해 봅시다.
　③ 나라마다 십이지신이 어떻게 다른지를 말해 봅시다.

2) 다음 문장을 중국어로 번역해 봅시다.
　① 국의 음력 기년(紀年)은 10개의 천간에 12개의 지지를 차례로 배열한 것으로 십이지신 중 12종의 동물은 마침 12개의 띠를 대표하며, 그 순서로는 자쥐, 추우, 인호, 묘토, 진룡, 사사, 오마, 미양, 신후, 유계, 술견, 해저이다.
　② 달이 지구를 한바퀴 돌면 음력 중 한 달로 일년은 12개월이다. 그러나 달이

지구까지 12바퀴 도는 기간은 354일로 지구가 태양을 한 바퀴 도는 365일보다 11일 적다.

③ 민간에 있는 많은 지역의 풍습은 번밍니엔에는 매년 빨간 벨트를 사서 묶어 빨간 리본을 만들고, 어떤 사람들은 빨간 러닝셔츠와 빨간 팬티를 입어 길함을 쫓고 흉함을 피하며 재난을 없애고 화를 면하기를 기원한다.

3) 동영상의 중심 내용을 요약해 봅시다.

4) 자신의 띠에 대해 말해 봅시다.

02 한국의 판소리

◆ 생각해 보기 ◆

1) 판소리의 구성에 대해 생각해 봅시다.
2) 판소리의 특징에 대해 생각해 봅시다.
3) 판소리가 시대와 더불어 어떻게 변하고 있는지 생각해 봅시다.

제 5 과 십이지신과 판소리

◆ 들어 보기 ◆

[동영상]

◆ 단어 보기 ◆

초월하다	超越，超出
희노애락	喜怒哀乐
정수	精华，精粹，精髓
구전	口传
〈적벽가〉	《赤壁歌》
전승되다	传承，继承
섬진강	蟾津江
동편제	东便制
서편제	西便制
중고제	中高调
소리꾼	说唱艺人，说唱演员
고수	鼓手
아니리	（韩国传统说唱中的）道白，对白
너름새	能说会道
취임새	（盘索里过程中）助兴叹语
메우다	填，填充
배가시키다	使加倍
귀명창	说唱艺术鉴赏名家
더불어	跟……一起
매혹시키다	魅惑，迷惑，迷住

◆ 본문 보기 ◆

　　세계의 극찬이 쏟아지는 대한민국의 유네스코 인류무형문화유산, 5,000년의 역사와 시공간을 초월한 인간의 창조적 재능, 인류가 남긴 이 위대한 유산을 우리의 전통 공연 예술로 즐겨보는 건 어떨까요?

　　이 소리를 기억하시나요? 오랜 역사와 함께 삶의 희노애락을 노래한 우리 전통 문화의 정수, 바로 판소리입니다.

　　이야기를 노래와 말, 몸짓으로 엮어 표현하는 판소리는 음악과 문학, 연극적 요소가 총 결집된 종합 공연 예술입니다. 오랜시간 구전의 역사로 이어 온 판소리는 아쉽게도 그 유래에 대한 정확한 기록이 없는데요. 본래 알려진 열 두 마당 중 현재는 <심청가>, <춘향가>, <수궁가>, <흥보가>, <적벽가> 등 다섯 마당만 전승되고 있습니다. 판소리는 지역에 따라 독특한 창법을 갖는 것이 특징입니다. 섬진강을 기준으로 동북 지역의 판소리를 동편제라 부르며, 서남 지역의 판소리를 서편제라고 합니다. 그리고 경기 충청 지역의 판소리는 중고제라고 부릅니다.

　　생동감 넘치는 판소리의 무대는 소리꾼과 고수로 구성됩니다. 소리꾼은 풍부한 감정 전달을 위해 대사와 몸짓을 섞어가며 노래하는데 이를 '아니리'와 '너름새'라고 합니다. 고수는 북으로 장단을 맞추며 취임새로 분위기를 띄우는데요. 이는 노래의 공간을 메워 주고 장단의 역할을 대신하며 연극적 효과를 배가시킵니다. 그리고 구경꾼의 참여와 교감으로 판소리의 무대는 완성됩니다. 조선시대에는 귀명창이란 말이 있을 정도였으니까요.

　　판소리의 매력, 여러분 들리시나요? 우리의 소리는 오늘과 만납니다. 전통의 영역을 넘어 현대 예술과의 접목을 통해 다양한 변신을 시도합니다. 판소리만의 매력과 예술성의 세계는 주목하기 시작했고 2003년 유네스코 인류무형문화유산으로 등재되어 보존의 가치를 인정받았습니다.

　　"독일에선 찾아볼 수 없는 공연이어서 정말 즐겁게 관람했습니다. (오페라와) 조금 비슷한 면이 있는 것도 같은데 판소리는 한국적인 독창성이 느껴져서 훨씬 좋았습니다."

　　높은 예술성과 더불어 예부터 온 국민이 사랑해 온 국민 예술 판소리, 한국을 넘어 세계를 매혹시킨 우리의 아름다운 소리를 찾아서 함께 가볼까요. 얼씨구 좋다!

제 5과 십이지신과 판소리

◆ 말해 보기 ◆

1) **동영상을 듣고 위의 질문에 답해 봅시다.**
   ① 판소리의 구성에 대해 말해 봅시다.
   ② 판소리의 특징에 대해 말해 봅시다.
   ③ 판소리가 시대와 더불어 어떻게 변하고 있는지 말해 봅시다.

2) **다음 문장을 중국어로 번역해 봅시다.**
   ① 이야기를 노래와 말, 몸짓으로 엮어 표현하는 판소리는 음악과 문학, 연극적 요소가 총 결집된 종합 공연 예술입니다.
   ② 섬진강을 기준으로 동북 지역의 판소리를 동편제라 부르며, 서남 지역의 판소리를 서편제라고 합니다. 그리고 경기 충청 지역의 판소리는 중고제라고 부릅니다.
   ③ 고수는 북으로 장단을 맞추며 추임새로 분위기를 띄우는데요. 이는 노래의 공간을 메워 주고 장단의 역할을 대신하며 연극적 효과를 배가시킵니다.

3) **동영상의 중심 내용을 요약해 봅시다.**

제2단원 전통수공예

제6과 만리장성과 고궁, 그리고 5대 궁궐

◆ 학습 목표 ◆

1) 만리장성과 고궁의 역사와 의미를 이해한다.
2) 5대 궁궐의 특성을 이해한다.
3) 만리장성과 고궁에 대해 한국어로 이야기할 수 있어야 한다.

01 중국의 만리장성과 고궁

◆ 생각해 보기 ◆

1) 만리장성이 어떻게 건축되었는지를 생각해 봅시다.
2) 만리장성의 역사적 가치를 생각해 봅시다.
3) 고궁의 건축 특징을 생각해 봅시다.

◆ 들어 보기 ◆

[동영상]

◆ 단어 보기 ◆

犹如 ……와/과 같다

蜿蜒 (뱀 따위가) 꿈틀꿈틀 기어 가는 모양, (산, 강, 길 등이) 구불구불하다

沧桑 파란만장하다, 거칠다

磨平 닳다, 마모되다

斑驳 알록달록하다, 여러 가지 빛깔이 뒤섞여 얼룩얼룩하다

显贵 현귀하다, 지위가 높고 고귀하다

金戈铁马 전쟁에 관한 일, 강한 군대, 용맹하고 위풍당당한 군대

刀光剑影 (격렬한 전투나 살기등등한 기세를 말함) 칼 빛과 검의 그림자

喋血 피투성이가 되다

见证 목격하다, 증거

崛起 우뚝 솟다, 궐기하다

抚摸 어루만지다, 쓰다듬다

粗粝 껄껄하다, 거칠다

蕴含 포함하다, 깃들다

渺小 매우 작다, 미미하다, 보잘것없다

没落 몰락하다, 함락하다, 타락하다

轰然 (갑자기 요란한 소리가 울려 퍼지는 모양) 와, 와르르

典范 본보기, 전범, 모범

载体 저장 장치, 에너지 운반체, 매개체

缩影 축소판

제 6 과 만리장성과 고궁 , 그리고 5 대 궁궐

◆ 본문 보기 ◆

01 중국의 만리장성과 고궁

만리장성은 세계 역사상 건설 시간이 가장 길고 공사량이 가장 큰 고대 공사로 서주(西周)부터 명청(明淸) 시대까지 23세기 동안 지속적으로 건설되었다. 만리장성은 말 그대로 길이가 만리가 된다고 하는데, 도대체 만리장성이 얼마나 길까? 만리장성의 길이는 마치 거대한 용 한 마리가 조국의 북쪽을 굽이굽이 에돈 것과 같으며, 총 길이는 21,196.18킬로미터로 지구 표면을 따라 북극과 남극을 연결할 수 있다. 만리장성, 천년의 세월의 흔적으로 어깨를 나란히 하고 함께 견뎌내던 그 돌들은 모서리가 이미 풍상에 닳아 원래의 모습이 흐려지고 얼룩진 몸으로 나날을 마주하며 세월의 흐름을 이야기하고 있다.

동서고금을 막론하고 일반 백성이든, 고관이든, 만리장성을 알든 모르든, 만리장성 위에 서 있으면 감탄이 저절로 우러나오게 된다. 화하(華夏) 선조들이 원시적인 도구를 사용하여 산하이관(山海關)에서 헌준한 고개를 넘어 자위관(嘉峪關)까지 쭉 뻗어지는 신공에 감탄할 수밖에 없다. 여러분은 아마 얼마나 많은 피바람을 겪었는지, 얼마나 많은 상전벽해를 겪었는지, 얼마나 많은 왕조가 바뀌었는지 모를 것이다. 만리장성은 이미 과거의 피 비린내 나는 전쟁과 간신들의 투항 매국, 피로 물든 전쟁터를 목격했고 아울러 중국이 강성에서 쇠락, 그리고 궐기의 모든 과정을 지켜보았다.

1971년, 제26차 유엔총회에서 중화인민공화국의 합법적 지위의 회복을 통과하였는데 이때 중국이 유엔 총회에 보낸 선물이 바로 만리장성의 대형 태피스트리였다. 그렇다, 천년의 역사를 지켜본 '너'는 이미 중화민족의 상징이 되었고, 용의 아들로 불리는 이 민족의 불굴의 정신을 상징하고 있다.

나도 만리장성에 여러 번 올랐는데, 만리장성 성벽에 기대어 거친 벽돌을 만질 때마다 중국 선조들에 대한 감탄을 금할 길이 없었다. 비록 얼마나 많은 선조들이 만리장성을 쌓기 위해 여기에 뼈를 묻었는지는 모르겠지만, 만리장성은 결국 중화문명이 이어질 수 있도록 묵묵히 지켜준 선조들의 노력이 값진 것임을 잘 알고 있다. 이밖에도 나도 진심으로 '너'에게 감사한다. 만리장성, '너'는 얼룩진 몸으로 나에게 고난을 겪지 않은 나라는 평화의 소중함을 알지 못한다는 것을 가르쳐 주었고 만리장성에 올라가본 경험이 없는 사람은 성벽에 담긴 역사의 무거움을 알지 못한다는 것을 알려주었다. '너'에게 더 가까이 다가감으로써 '네'가 보잘것없는 나에게 실은 너와 나 사이가 결코 멀지 않는 것으로 단지 천년의 전쟁의 흔적들을 사이에 두고 있을 뿐이라고 속삭여 주었지. 이것은 중국 나아가 세계에서 가장 웅대한 궁전건축물로 15세기에서 20세기 초까지 500년 동안 중국 정치 권력의 중심이었다. 붉은색 담장과 노란색 기와로 된 이 깊은 저택의 뜰은 한권의 두꺼운 책과도 같이 중국 봉건사회의 마지막 휘황과 몰락을 기록하였다. 고궁, 어제는 중국의 화려한 교향곡이었고, 오늘날은 중국의 역사와 문화의 상징이다.

서기 1368년에 몽골인이 세운 원나라의 왕조는 명나라로 대체되었고 38년 후 서기 1406년에 명나라의 영락황제 주체(朱棣)는 수도를 난징(南京)에서 베이징(北京)으로 옮겼다. 그는 한때 휘황찬란했던 원나라 도읍을 평지로 만들었고, 원나라 황궁이 와르르 무너지는 소리 속에서 새로운 도읍의 서막을 열었다. 그해 6월, 영락황제는 공식적으로 베이징 궁전의 건설을 지시했고 그는 태녕후(泰寧侯)와 진규(陳珪)를 건설 총지휘자로 임명했으며 많은 관리들이 전국 각지에 파견되어 목재 등 건축 자재를 사들였다. 주체는 제국의 재력과 물력을 모두 쏟아부어 기적의 도읍지를 건설하려 했다. 거의 10년 동안, 진규는 베이징을 점차 대명 왕조의 강역에서 가장 떠들썩하고 거대한 건설 현장으로 만들었다. 이는 자금성(紫禁城)이 건축될 당시 공사장의 모습이며, 여기서 유래한 유명한 공사장과 자재창고의 이름들은 오늘날까지 보존되어 있다.

서기 1421년, 온 나라가 영락 19년의 설날을 경축했고, 영락황제는 마침내 새로 완공된 궁궐에서 방대한 규모의 장대한 조하를 받음으로써 예순두살의 주체는 생애 최고의 순간을 맞이했다. 중국 고대인들은 9가 숫자 중 가장 크고 황제는 인간의 왕이라고 생각했기 때문에 고궁의 건축물은 거의 다 9나 9의 배수와 관련이 있다. 대문의 아홉 줄과 아홉 개의 큰 못, 처마 위의 아홉 마리 짐승, 성벽 네 귀퉁이에 있는 네 개의 각루도 모두 아홉 개의 들보와 열여덟 개의

제 6 과 만리장성과 고궁, 그리고 5대 궁궐

기둥, 일흔두 개의 능선이며 구(九)는 구(久)와 발음이 같아 강산은 영원히 변하지 않는다는 뜻을 담고 있다.

　고궁은 완전한 건축 단지일 뿐만 아니라 중국 봉건 통일 왕조의 국가 통합 이념의 물리적, 화학적 표현이다. 영락황제는 자금성을 제극의 미니어처 모델로 건설했는데, 이 모델은 2천여 년래 중앙 제국의 이상적인 정치체계 모델을 구현했다. 이후 500년에 걸친 일련의 건설로 자금성은 중국 건축의 최고 모델이자 세계에서 가장 규모가 큰 궁궐 건축군으로 민족문화의 중요한 매개체이자 역사의 축소판이 되었다.

◆ 말해 보기 ◆

1) 동영상을 듣고 위의 질문에 답해 봅시다.
　① 만리장성이 어떻게 건축되었는지를 말해 봅시다.
　② 만리장성의 역사적 가치를 말해 봅시다.
　③ 고궁의 건축 특징을 말해 봅시다.

2) 다음 문장을 중국어로 번역해 봅시다.
　① 만리장성의 길이는 마치 거대한 용 한 마리가 조국의 북쪽을 굽이굽이 에돈 것과 같으며, 총 길이는 21,196.18킬로미터로 지구 표면을 따라 북극과 남극을 연결할 수 있다.
　② 만리장성은 이미 과거의 피 비린내 나는 전쟁과 간신들의 투항 매국, 피로 물든 전쟁터를 목격했고 아울러 중국이 강성에서 쇠락, 그리고 궐기의 모든 과정을 지켜보았다.
　③ 고궁은 완전한 건축 단지일 뿐만 아니라 중국 봉건 통일 왕조의 국가 통합 이념의 물리적, 화학적 표현이다.

3) 동영상의 중심 내용을 요약해 봅시다.

4) 만리장성 혹은 고궁에 대해 한국어로 이야기해 봅시다.

02 한국의 5대 궁궐

◆ 생각해 보기 ◆

1) 5대 궁궐은 무엇인지를 생각해 봅시다.
2) 5대 궁궐의 각각의 특성에 대해 생각해 봅시다.

◆ 들어 보기 ◆

[동영상]

◆ 단어 보기 ◆

최첨단	最先进，最前列
시설	设施
숨결을 느끼다	感觉到气息

제 6 과 만리장성과 고궁, 그리고 5대 궁궐

궁궐	宫，宫殿，王宫
둘러보다	张望，顾盼
거처하다	居住，定居
보좌하다	辅佐
기틀을 다지다	奠定基础
신을 모시다	供神，拜神
법궁	法宫
으뜸	最高，最好，第一
이궁	离宫
꼽히다	被选为，被视为
정전	正殿
대조회	大朝会，大早会
편전	便殿
대목	关键，关键环节，重要部分
구중궁궐	九重宫殿，王宫
얽매이다	（被）捆，捆扎，捆绑；（被）束缚，约束，限制
백미	白眉，[喻]最优秀者，杰出代表

◆ 본문 보기 ◆

　화려한 고층건물과 최첨단 기반 시설이 집중된 도시 서울, 이곳에는 조선 왕조 500년 역사의 숨결을 느낄 수 있는 곳, 궁궐이 있습니다.
"확실히 둘러보니까 그런 왕이 살았던 흔적들이 많이 보이는 것 같았어요."
"실제로 조선에 온 듯한 느낌이 들어서 정말 좋았습니다."
　경복궁과 창덕궁, 창경궁, 덕수궁 등 많은 궁궐이 남아 있는 서울의 도심, 조선시대에는 왜 이렇게 많은 궁궐이 필요했던 것일까요?
　궁궐은 임금이 거처하는 곳을 말합니다. 또한 왕조 국가에서 정치가 펼쳐지는 주 무대이자 왕을 보좌하는 사람들이 일하는 공간이 바로 궁궐입니다. 조선 건국을 주도한 이성계와 사대부들은 유교 국가로서의 면모와 함께 왕권의 기틀을 다져야

했습니다. 왕실 제사를 지내는 종묘와 땅과 곡식의 신을 모신 사직, 궁궐과 도성을 차례로 완성한 이유도 여기에 있습니다.

한양으로 도읍을 옮긴 후 가장 먼저 건설된 궁궐은 경복궁으로 조선의 대표적인 '법궁'입니다. 법궁은 공식적인 왕의 거처로 조선의 으뜸 궁궐을 뜻합니다. 이후 태종이 창덕궁을 건설하면서 조선에는 또 하나의 궁궐이 존재하게 되는데요. 창덕궁은 성종대 건축된 창경궁과 함께 대표적인 '이궁'으로 꼽힙니다. 이궁은 법궁 이외에 때때로 왕이 사용하던 궁궐이라는 뜻이죠.

임진왜란으로 소실된 경복궁을 복구하지 않으면서 조선 후기에는 창덕궁이 법궁 역할을 하게 되는데요. 이때 이궁은 광해군 때 새로 지은 경희궁이 대신하게 됩니다. 이렇게 궁궐과 왕실 상황에 따라 법궁과 이궁이라는 복수 궁궐을 운영한 조선, 그렇다면 조선 궁궐의 주요 공간과 그 속에서 왕의 생활은 어땠을까요? 궁궐에서 가장 중요한 공간, 정전, 편전, 침전으로 가 봅니다.

정전은 평소에는 비어 있으나 규모있는 의식을 할 때 사용하던 공간으로, 왕이 신하들로부터 대조회를 받던 곳입니다.

"정전이라고 하는 곳은 한달에 두 번 대조회를 하기 위해서 만들어진 공간입니다. 앞쪽에 월대라고 하는 높은 단을 두 단으로 구성을 했습니다. 이 단 위에 근정전이라고 하는 가장 큰 전각이 올라가 있으며 이 공간은 임금의 권위, 즉 왕권을 그대로 표현하고 있는 공간이라고 볼 수 있습니다. 대조회를 진행할 때 마당의 서편에는 무관들이 서고 마당의 동편에는 문관들이 서서 정전의 어좌에 앉아계시는 임금을 향해서 인사함으로써 어떤 자기(신하)의 위치를 확인시켜주는 (대조회) 의식을 진행하였습니다."

편전은 왕이 일상적인 업무를 보거나 공부를 하고 신하들과 회의를 하던 장소입니다.

"편전은 상참이라고 하는 의식에 걸맞게 가장 적합하게 구성이 되어 있는 공간이기도 합니다. 신하들은 아침 일찍 궁궐로 출근을 해서 임금을 향해서 인사를 하고 서로의 자리를 확인하는 의식을 매일 아침 했었습니다."

정전과 편전이 정치를 행하던 외전이라면 왕이 잠을 자고 생활을 하는 침전은 내전에 속하는데요, 왕은 일상생활을 하는 동안에도 왕실의 법도라는 엄격한 기준을 따랐습니다.

"임금이 왕실의 법도를 따라 생활해야 된다라고 하는 것은 모든 백성들의 모범이 돼야 되기 때문입니다. 수라를 드실 때도 나라에 조금 안 좋은 일이 있을 때는 고기반찬을 덜어낸다든가 혹은 반찬의 개수를 줄이는 것들도 다 하나하나 규정되어 있는 부분입니다."

월대와 너른 마당이 있는 왕의 침전은 나라와 왕실에 경사가 있을 때 잔치나 의례 장소가 되기도 했습니다. 가설무대와 가림막을 이용해 의례장소로 꾸몄던 것입니다. 이처럼 조선 궁궐은 왕을 중심으로 정치행위와 각종 의식이 펼쳐졌던 공간으로서 우리에게 많은 이야기를 들려주고 있습니다.

주로 창덕궁에 머물렀던 성종, 그럼에도 그 시대에 편찬한 '국조오례'에 의해 모든 예법과 절차는 경복궁을 공간적 기준으로 삼고 있습니다. 조선의 대표적인 법궁으로서 경복궁의 위상을 짐작할 수 있는 대목입니다. 경복궁의 전각 배치법을 보더라도 왕실의 위엄과 권위가 드러납니다. 남북 중앙축을 따라 정전, 편전, 침전 등 주요 전각이 놓이고 여러 관청이 위치한 궐내각사와 세자가 지내는 동궁 등이 좌우에 배치되어 있는 경복궁, 이것을 축선배치법이라고 합니다.

"경복궁은 직선의 배치 축을 따라서 여러 개의 건물들을 배열하는 방식으로 구성되어 있습니다. 이것은 조선만의 기법은 아니고, 고대 중국의 궁궐로부터 내려온 아주 오랜 형태에 해당한다고 볼 수 있는데요. 이렇게 만드는 이유는 임금이 계신 곳을 함부로 가깝게 다가가지 못하도록 하는 일종의 위엄있는 공간을 만드는 하나의 공간적인 장치라고 볼 수가 있겠습니다."

구중궁궐, 경복궁은 겹겹이 깊은 공간 구성을 통해 왕의 권위를 표현하고 조선 법궁의 위상을 드러내고 있습니다. 하지만 임진왜란으로 불에 탄 이후 약 270년 간 방치됐던 경복궁을 대신해 가장 오랫동안 사용된 궁궐이 있습니다. 바로 창덕궁입니다.

창덕궁은 자연 지형에 순응하며 건축된 조선적인 궁궐로 평가받고 있습니다. 돈화문을 통과해서 오른편으로 한 번, 왼편으로 한 번 더 꺾어야 비로소 정전을 만날 수 있는 창덕궁, 중앙 축선을 따라 주요 전각이 건축된 경복궁과는 근본적으로 다른 배치법입니다. 이처럼 규범에 얽매이지 않은 창덕궁의 건축 기법은 진선문과 인정문 사이 사다리꼴 형태의 마당에서도 드러납니다. 주변의 산맥과 종묘의 지맥을 훼손하지 않으면서 공간을 넓게 사용하기 위한 지혜로 탄생한 공간입니다.

"그런데 창덕궁은 애초에 좁은 땅에 짓기 시작을 했었는데요. 이 좁은 땅이라고 하는 것은 (인정전) 건물의 뒤쪽으로도 앞쪽으로도 나무가 심어져 있는 언덕들이 배치가 되어 있습니다. 그러면서 하나하나 이렇게 건물은 붙여 나가다 보니까 지금과 같은 모습을 만들게 되었습니다. 경복궁에 비해 창덕궁이 훨씬 더 아기자기하고 자연 경관과 어우러지는 모습을 가지게 된 것은 바로 이런 이유때문입니다."

창덕궁의 아름다움은 후원에서 절정을 이루는데요. 많은 왕에게 사랑 받았던 창덕궁 후원은 왕실 정원의 백미로 꼽히고 있습니다. 이처럼 자연과 조화를 이루며 조선 궁궐의 원형을 잘 보존하고 있는 창덕궁, 창덕궁은 1997년 유네스코 세계유산으로 등재되며 그 가치를 인정받았습니다. 서로 다른 건축기법으로 왕실의 위엄과 궁궐의 아름다움을 드러내고 있는 경복궁과 창덕궁, 오늘날에도 많은 사람들이 조선 궁궐을 찾고 사랑하는 이유입니다.

◆ 말해 보기 ◆

1) 동영상을 듣고 위의 질문에 답해 봅시다.
    ① 5대 궁궐은 무엇인지를 말해 봅시다.
    ② 5대 궁궐의 각각의 특성에 대해 말해 봅시다.

2) 다음 문장을 중국어로 번역해 봅시다.
    ① 궁궐은 임금이 거처하는 곳을 말합니다. 또한 왕조 국가에서 정치가 펼쳐지는 주 무대이자 왕을 보좌하는 사람들이 일하는 공간이 바로 궁궐입니다.
    ② 정전과 편전이 정치를 행하던 외전이라면 왕이 잠을 자고 생활을 하는 침전은 내전에 속하는데요, 왕은 일상생활을 하는 동안에도 왕실의 법도라는 엄격한 기준을 따랐습니다.
    ③ 창덕궁의 아름다움은 후원에서 절정을 이루는데요. 많은 왕에게 사랑 받았던 창덕궁 후원은 왕실 정원의 백미로 꼽히고 있습니다.

제 6 과 만리장성과 고궁, 그리고 5 대 궁궐

3) 동영상의 중심 내용을 요약해 봅시다.

4) 양국의 고궁의 특성에 대해 비교하여 말해 봅시다.

제7과 사합원과 한옥

◆ 학습 목표 ◆

1) 사합원(四合院)의 구조 특징을 이해한다.
2) 한옥의 구조 특징을 이해한다.
3) 중국의 사합원과 후통(胡同)에 대해 한국어로 이야기할 수 있어야 한다.

01 사합원과 후통

◆ 생각해 보기 ◆

1) 사합원의 건물 구조 특징을 생각해 봅시다.
2) 후통 문화에 대해 생각해 봅시다.
3) 사합원과 후통의 역사적 가치를 생각해 봅시다.

제 7과 사합원과 한옥

◆ 들어 보기 ◆

[동영상]

◆ 단어 보기 ◆

胡同	후통, 골목
坐落	……에 위치하다
四合院	사합원
体现	구현하다, 드러내다
宾客	손님, 빈객
厢房	곁채, 룸
和睦	화목하다
蕴含	포함하다, 내포하다, 함의하다
追求	추구하다
神髓	정수, 진수, 정화
沿袭	답습하다, 전례를 좇다
脉络	맥락
衢道	갈림길
络绎不绝	(사람, 말, 수레, 배 따위의) 왕래가 잦아 끊이지 않다

◆ 본문 보기 ◆

01 중국의 사합원과 후통

베이징 시내의 크고 작은 골목에는 동서남북 사면의 가옥으로 둘러싸인 정원식 주택이 많이 위치하고 있는데, 이것이 바로 사합원이다. 사합원은 중국 고대 민가의 주요 건축 형태의 하나로 3,000여 년의 역사를 가지고 있다. 베이징의 사합원 주택은 오랜 경험을 통해 형태와 구조 모두에서 성숙된 방법을 지니고 있다.

  우선 대문은 옛 사회에서 주인의 지위를 나타낸다. 대문의 장식과 색채 등은 모두 제도 규정에 따라 지어졌다. 대문을 들어서면 첫 번째 마당에는 남쪽에서 북쪽을 향해 늘어선 가옥들이 있는데 이를 도좌방(倒座)이라고 하여 보통 빈객들이 머물곤 한다. 여기에서 앞으로 문 두 개를 지나 정원에 들어가면 북쪽방의 남쪽을 향한 것이 본채로 주인이 사는 방이고 동서 사랑채는 깊고 폭이 작아 자녀들이 거주하기도 한다. 이러한 배치는 중국 가정 내에서의 계층적 순서를 보여준다.

  사합원의 가옥의 문은 모두 중앙정원을 향함으로써 향심(向心) 구도를 형성하여 가족의 화목을 보여주고 있다. 정원은 공공 활동 구역으로, 평소에 이곳에 꽃과 나무를 심는다. 사합원은 주거용 건축물이지만, 깊은 문화적 함의를 담고 있다. 사합원의 조각, 장식 및 페인팅은 곳곳의 민속풍속과 전통문화를 반영함으로써 사람들의 행복과 길상에 대한 추구를 말해 주고 있다. 사합원의 건축은 풍수에도 신경을 썼다. 대문어귀의 가림담벽은 모래바람을 막아주고 나쁜일도 막아준다고 믿었기 때문에 사람들은 벽을 매우 아름답게 장식했다. 사합원의 신수(神髓)는 바로 '합(合)'자에 있다. 이는 한 가정의 모든 구성원을 하나로 묶어 화목하고 화기애애한 분위기를 만들어 주었다.

후통

  넓은 후통, 좁은 후통, 반쯤 잘린 후통, 비스듬히 휘어진 후통, 숲처럼 높은 빌딩도, 산뜻한 빌딩도 찾지 않고 좁은 후통만 찾는다. 후통은 가장 베이징스러운 주거형태로 원나라 때 수도를 건설하면서부터 이어져 온 것으로 700여 년의 역사를 가지고 있다. 대부분 가로세로로 곧게 뻗어 있는데 동쪽에서 서쪽으로, 남쪽에서 북쪽 방향으로 나 있다.

  베이징의 후통은 네모반듯하고 후통 안의 사합원은 정연하게 위치해 있다. 후통은 도시를 이어주고, 교통의 수단만이 아니라 베이징 사람들의 삶의 장소이자 옛 베이징 사람들의 삶의 상징이다. 옛 베이징 사람들은 "유명한 후통은 삼천육백

개가 넘고, 이름 없는 후통은 소의 털과도 같다."고 하였다. 세발자전거를 타고 후통을 돌아다니며 베이징 토박이들이 바둑을 두고 잡담을 나누던 곳은 오늘날까지도 관광객들이 끊이지 않고 있다. 점차 도시의 시끄러움이 골목의 고요함을 묻어버렸지만, 옛 베이징 사람들의 생활 흔적을 지울 수는 없다. 후통의 벽돌과 기와 조각은 수백 년의 역사를 가지고 있고, 후통마다 이야깃거리가 있고 후통마다 사연이 깃들어 있다. 옛 베이징의 삶의 숨결은 이 후통 모퉁이에, 바로 이 사합원의 벽돌 한 장, 기와 한 장에 고스란히 스며들어 있다.

◆ 말해 보기 ◆

1) 동영상을 듣고 위의 질문에 답해 봅시다.
    ① 사합원의 건물 구조 특징을 말해 봅시다.
    ② 후통 문화에 대해 말해 봅시다.
    ③ 사합원과 후통의 역사적 가치를 말해 봅시다.

2) 다음 문장을 중국어로 번역해 봅시다.
    ① 우선 대문은 옛 사회에서 주인의 지위를 나타낸다. 대문의 장식과 색채 등은 모두 제도 규정에 따라 지어졌다.
    ② 사합원의 건축은 풍수에도 신경을 썼다. 대문어귀의 가림담벽은 모래바람을 막아주고 나쁜일도 막아준다고 믿었기 때문에 사람들은 벽을 매우 아름답게 장식했다.
    ③ 후통은 도시를 이어주고, 교통의 수단만이 아니라 베이징 사람들의 삶의 장소이자 옛 베이징 사람들의 삶의 상징이다.

3) 동영상의 중심 내용을 요약해 봅시다.

4) 사합원과 후통에 대해 한국어로 이야기해 봅시다.

02 한옥

◆ 생각해 보기 ◆

1) 한옥의 건물 구조 특징을 생각해 봅시다.
2) 한옥은 현대 건축물과 어떻게 다른지를 생각해 봅시다.

◆ 들어 보기 ◆

[동영상]

◆ 단어 보기 ◆

통틀다	合起来，加起来，都算上
엄밀하다	严密，严紧
고루하다	固陋，迂腐，古板
헐다	拆掉，拆毁
고리타분하다	（行为或性情等）迂腐，沉闷；腐败，腐烂，发霉
기단	基台，台基

제 7 과　사합원과 한옥

쾌적하다	畅快，舒畅
차양	遮阳板，遮阳篷
달구다	烧热，烧暖
본연	本来
단열성	隔热性
탁월하다	卓越，杰出
아궁	灶孔，灶门，灶口
장작	劈柴，木柴
축열	蓄热

◆ 본문 보기 ◆

　　한옥은 한국의 전통 건축 양식을 이용해 만든 집을 통틀어 부르는 말로 엄밀한 의미에서는 초가집, 너와집, 기와집 등 모두를 포함하지만 일반적으로 기와집을 뜻하는 말로 통용되고 있다.
　　1970년대 이후 한옥은 고루하고 비효율적이라는 인식으로 현대 건축물들이 생기면서 대부분 헐었다. 하지만 요즘에는 시멘트로 지어진 아파트보다 나무와 흙으로 만든 한옥이 건강에 좋다고 알려져 그 가치가 올라가고 있다. 한옥은 겉보기엔 그저 생활하기에 좀 불편하고 고리타분한 옛날 집같이 보이지만 집안 곳곳에는 사람이 거주하기 좋도록 만든 과학적 원리들이 숨겨져 있음을 알 수 있다.
　　한옥은 다른 나라의 전통 가옥이나 양옥과 달리 높은 기단으로 되어 있다. 그 이유는 바로 쾌적한 환경을 위해서인데 기단을 여러겹 쌓아 높게 만들면 지표면으로부터 올라오는 습기를 막을 수 있기 때문이다. 한옥만이 가지고 있는 깊은 처마도 매우 과학적이다. 이 처마는 차양 역할을 해 마루나 방으로 들어오는 직사광선을 막아주게 된다. 이 때문에 한여름에는 그늘진 집 내부와 뜨겁게 달궈진 마당에 온도차로 인해 공기의 대류 현상이 일어나게 되고 이는 곧 시원한 바람을 일으키게 되는 것이다.
　　이뿐만이 아니다. 한옥을 만드는 재료들 또한 자연 본연의 것으로 한옥이 자연적인 집으로 불리는 데 큰 몫을 하고 있다. 한옥의 뼈대는 목재를 이용해 세우는데 검찰과 콘크리트로 제작된 현대 건축물보다 더 튼튼하고 견고하다고 볼 수 있다. 또 시멘트나 콘크리트 대신 사용되는 황토는 단열성이 무척 좋아서 여름에는 열을 막아 시원하게 해주고 겨울에는 우수한 보온효과를 제공한다. 또 습기와 열을 조절할 수 있을 뿐만이 아니라 태양에너지를 환경 여건에 따라 보관하거나 방출하는 기능도 지니고 있다. 이 밖에도 창문지로 만든 창은 유리창보다 따뜻한 기온을 품어 겨울철에 높은 보온 효과를 가지며 반투명의 한지는 방안으로 들어오는 직사광선을 한풀 꺾어주어 은은한 조명의 역할도 하고 있다.

　한옥의 특징을 가장 단적으로 보여주는 대표적인 것은 바로 온돌이다. 온돌은 아궁이에 불을 지피면 구들장이 데워지는 장치로 다른 나라에 어떤 난방장치보다도 효과가 탁월한 우리 고유의 난방 구조다. 온돌의 구조는 크게 아궁이와 축열 장소인 고래 그리고 굴뚝으로 구성된다. 아궁이의 장작이나 나뭇잎 등을 이용해 불을 지피면 열기가 고래를 통하게 되고 고래 위에 있는 구들장이 데워지면 방바닥과 방안의 공기가 따뜻하게 되는 것이다. 한번 뜨거워진 구들장은 오랫동안 열을 유지하기 때문에 아침저녁에 아궁이에 불을 지펴 구들을 데우고 축열에 의해 지속적으로 사용하는 것이 일반적이다.

　그동안 전통이라는 이름에 갇혀있던 한옥은 이제 우리의 생활 속으로 들어오고 있다. 한옥을 찾는 사람들이 많아졌을 뿐만이 아니라 편리하게 개조된 한옥들도 점차 그 수가 늘어나고 있는 추세다.

◆ 말해 보기 ◆

1) 동영상을 듣고 위의 질문에 답해 봅시다.
　① 한옥의 건물 구조 특징을 말해 봅시다.
　② 한옥은 현대 건축물과 어떻게 다른지를 말해 봅시다.

2) 다음 문장을 중국어로 번역해 봅시다.
　① 한옥은 겉보기엔 그저 생활하기에 좀 불편하고 고리타분한 옛날 집같이 보이지만 집안 곳곳에는 사람이 거주하기 좋도록 만든 과학적 원리들이 숨겨져 있음을 알 수 있다.

② 한옥만이 가지고 있는 깊은 처마도 매우 과학적이다. 이 처마는 차양 역할을 해마루나 방으로 들어오는 직사광선을 막아주게 됩니다.
③ 한번 뜨거워진 구들장은 오랫동안 열을 유지하기 때문에 아침저녁에 아궁이에 불을 지펴 구들을 데우고 축열에 의해 지속적으로 사용하는 것이 일반적이다.

3) 동영상의 중심 내용을 요약해 봅시다.

제8과 도자기와 청자

◆ 학습 목표 ◆

1) 중국 도자기의 역사와 특성을 이해한다.
2) 한국 청자의 특성을 이해한다.
3) 중국 도자기의 역사에 대해 한국어로 이야기할 수 있어야 한다.

01 중국 도자기

◆ 생각해 보기 ◆

1) 도자기로 이름난 지역에 대해 생각해 봅시다.
2) 도자기를 만드는 데 필요한 조건이 무엇인지를 생각해 봅시다.
2) 도자기 문화의 역사적 가치를 생각해 봅시다.

제 8 과 도자기와 청자

◆ 들어 보기 ◆

[동영상]

◆ 단어 보기 ◆

历史悠久	역사가 유구하다
造型优美	모양이 아름답다
质地精良	질감이 우수하다
丝绸之路	실크로드, 비단길
瓷器之路	도자기의 길
马克杯	머그컵
釉面	유약을 바른 표면
繁荣期	번영기
南青北白	남청북백
《茶经》	(당나라 때의 차에 관한 책) <다경>
青花瓷	청화 자기
洒脱	(말이나 행동이) 소탈하다, 시원스럽다, 대범하다, 거리낌이 없다
奔放	(말이) 힘차게 달리다, 분방하다; (사상·감정·문장의 기세 따위가) 힘차게 내뿜다, 솟구치다
金属氧化物	금속 산화물
着色剂	착색제
绚丽	화려하다, 눈부시게 아름답다.
斑驳	알록달록하다
独一无二	유일무이하다

◆ 본문 보기 ◆

01 중국 도자기

　　중국 도자기는 역사가 유구하고 모양이 아름다우며 질감이 우수하기로 국내외에서도 유명하다. 영어에서 도자기는 중국이라는 글자와 같이 'China'로 쓰이는데, 이는 세계인의 마음속에서의 중국 도자기 위상을 충분히 설명해 준다. 당나라 이래로 중국의 도자기는 해상 실크로드를 통해 여러 나라로 수출되었다. 해상 실크로드는 서한(西漢) 시대부터 시작되어 당나라 중후반에 와서 번성한 것으로 이 통로는 도자기를 주요 교역품으로 하였기 때문에 '도자기의 길'이라고도 한다. 중국 도자기의 수출량이 정점에 달한 것은 명청(明淸) 시기인데, 이 시기는 당시 중국 상인과 장인들이 서양인의 생활 특성과 민족문화에 따라 서로 다른 종류의 도자기를 만들었던 것이다. 샐러드 접시나 머그컵, 뚜껑 달린 시계 등 순수한 서양 생활 도구뿐만 아니라 중국의 전통적인 조형과 서양 고전 문양을 혼합한 각종 기구가 중국 도자기를 중국 문화의 매개체로 삼아 세계를 정복하게 되었다.

　　도자기를 굽기 위해서는 세 가지 조건이 동시에 구비되어야 한다. 하나는 도자기를 만드는 원료가 석영과 같은 미네랄이 풍부한 도자기 자토 또는 자석이어야 하고 다른 하나는 굽는 온도가 섭씨 1,200도 이상이어야 하며 그 외에도 도자기 표면은 고온에서 구운 유약을 바른 면이어야 한다는 것이다. 고대 중국 도자기의 유약은 무에서 유로, 단색에서 다양한 색으로 발전하여 점차 아래위로 어우러진 오색 찬란한 유약으로 발전했다. 당나라 시대는 중국 도자기 제조업의 첫 번째 번영기로 저장성(浙江) 월요(越窯)로 대표되는 청자와 허베이성(河北) 형요(邢窯)로 대표되는 백자라는 두 가지 도자기 가마 시스템을 형성하여 '남청북백'이라 불리기도 한다.

　　육우(陸羽)는 <다경(茶經)>에서 남청과 북백을 서로 병존시켜, '월요청자는 얼음과 옥과 같고, 형요백자는 은과 눈과 같다'고 묘사하였다. 송나라는 도자기 산업이 가장 번영한 시기로 유명한 도자기와 가마가 지속적으로 등장했던 것으로 당시 여요(汝窯), 관요(官窯), 가요(哥窯), 균요(鈞窯), 정요(定窯)는 송나라의 5대 유명한 가마이다. 중국 고대 도자기 중에서 송나라의 도자기는 형태가 우아하고 유약색이 깨끗하며 문양이 순수하여 중국 도자기 역사에서 독자적인 특징을 지니고 있다. 그러나 원나라 시기에 이르러 국내외 무역의 발전 필요에 따라 중국 도자기 산업은 송나라 때보다 더 큰 발전을 이루었고 구워낸 청화 도자기는 더욱 성숙해졌다. 이 시기에 도자기 도시인 장시성(江西) 징더전(景德鎮)의 청화 도자기는 전통 도자기의 함축적인 스타일을 크게 변화시켰는데, 도자기 형태는 일반적으로 커서 화려하고 소탈하며 개방적인 느낌을 주었다. 원청화(元青花)는 정교하게 만들어진 데다가 거의 전해지지 않아 매우 귀중하다. 현재 알려진 원나라 청화자의 수는 전 세계적으로 수백 점에 불과하고 명나라 때 징더전의 도자기 가마가 거의 천하를 통일하는 국면으로 변하였다.

분채자(粉彩瓷)는 유약에 채색을 입힌 도자기의 중 하나이다. 유상채(釉上彩)란 먼저 도자기의 배체에 유약을 바른 후 가마에서 굽고, 다시 구워낸 도자기의 유약 표면에 채색 도안을 하여 다시 가마에서 굽는 것을 말한다. 분채자의 분(粉)은 좁은 의미의 분홍색을 의미하는 것이 아니라, 장인이 페인팅 작업을 할 때 물감에 유리백색이라는 물질을 섞었기 때문에 다른 색과 섞이면 분화작용이 일어나 채색한 부분의 농도와 요철(凹凸)의 변화가 나타난다. 다양한 색상은 불투명한 옅은 톤을 나타내며, 화면이 부드럽고 윤기가 돌기 때문에 분채자라는 이름이 붙여진 것이다.

현대 도자기공예에서 대부분의 작품이 전통적인 장식공예기술을 채택하고 있는데, 굽는 기술이 그대로 전승되고 있으므로 보통 도자기의 완성률이 상대적으로 높지만 유약 도자기는 만들어질 때부터 통제가 불가능한 자연적 요소를 가지고 있다. 유약 도자기의 유약은 다양한 금속 산화물과 천연 광석을 착색제에 첨가하여 고온이나 저온에서 연소된 후 투명하고 화려하며 알록달록하며 진한 색상을 형성한다. 유약과 연소 온도와 분위기가 다름으로써 다양한 가지각색의 유약은 모두 유일무이한 것이다.

◆ 말해 보기 ◆

1) 동영상을 듣고 위의 질문에 답해 봅시다.
    ① 도자기로 이름난 지역을 말해 봅시다.
    ② 도자기를 만드는 데 필요한 조건이 무엇인지를 말해 봅시다.
    ③ 도자기 문화의 역사적 가치를 말해 봅시다.

2) 다음 문장을 중국어로 번역해 봅시다.
    ① 해상 실크로드는 서한 시대부터 시작되어 당나라 중후반에 와서 번성한 것으로 이 통로는 도자기를 주요 교역품으로 하였기 때문에 '도자기의 길'이라고도 한다.
    ② 송나라는 도자기 산업이 가장 번영한 시기로 유명한 도자기와 가마가 지속적으로 등장했던 것으로 당시 여요, 관요, 가요, 균요, 정요는 송나라의 5대 유명한 가마이다.
    ③ 현대 도자기공예에서 대부분의 작품이 전통적인 장식공예기술을 채택하고 있는데, 굽는 기술이 그대로 전승되고 있으므로 보통 도자기의 완성률이 상대적으로 높지만 유약 도자기는 만들어질 때부터 통제가 불가능한 자연적 요소를 가지고 있다.

3) 동영상의 중심 내용을 요약해 봅시다.

4) 중국 도자기에 대해 한국어로 이야기해 봅시다.

제 8 과   도자기와 청자

02 한국 청자

◆ 생각해 보기 ◆

1) 청자를 만드는 방법에 대해 생각해 봅시다.
2) 고려 청자의 특성에 대해 생각해 봅시다.

◆ 들어 보기 ◆

[동영상]

◆ 단어 보기 ◆

고려청자	高丽青瓷
은은하다	隐隐, 隐隐约约
비색	翡翠色
다지다	压实, 夯实, 打实
유약	釉药, 釉料, 釉彩
집념	信念, 执意, 固执, 执着

창공	蒼空，天空
상감기법	镶嵌手法
예리하다	锋利，锐利
매끄럽다	滑，光滑，平滑

◆ 본문 보기 ◆

저는 무엇일까요? 저는 10세기 이전에 만들어졌고 1300℃ 뜨거운 열기에서 탄생하며 남들이 부러워하는 은은한 푸른색을 입고 있습니다. 만드는 방법에 따라 종류도 다양하죠. 네, 천년의 비색을 자랑하는 저의 이름은 고려청자입니다.

흙을 다지고 모양을 만들어 문양을 넣고 가마 속에서 한번 구운 뒤 유약을 바르고 건조시켜 다시 가마 속에 넣고 구어 간단하게 만든 고려청자, 청자는 중국 송나라에서 비롯되었지만 고려인들의 집념과 열정 속에 새로운 모습으로 탄생했습니다. 어떻게 하면 더 아름답게 볼 수 있을까, 어떻게 하면 더욱 뛰어난 청자를 만들 수 있을까, 그렇게 탄생한 고려청자의 특징, 푸른 창공을 나는 학 무늬와 부드러운 허리곡선 그리고 은은한 비색까지 고려인들의 창의력이 세계사에 빛나는 고려청자를 만들었습니다.

"그릇 색의 푸른 것을 고려인들은 비색이라 부른다. 근래에 들어 그 제작이 더욱 정교해지고 색이 더욱 좋아졌다."

그리고 고려청자의 또 하나의 비밀 '상감기법', 예리한 조각칼로 무늬를 파낸 다음 그 부분에 다른 색 흙물을 메워 넣는다. 그림이 살아 움직이는 듯 세밀하고도 매끄럽게 표현할 수 있는 고려인들의 기술, 같은 문양을 반복하는 대신 중심 문양을 전경에 크게 세우고 물, 새, 바위, 인물을 배치하여 하나의 화폭과 같은 효과를 만들었습니다.

잠깐, 이름이 어렵다고요? 도자기의 이름은 종류와 기법, 표현된 무늬와 용도순, 이름 하나로 도자기의 모든 정보를 알 수 있다는 사실 꼭 기억하시기 바랍니다. 저는 단순한 도자기가 아닙니다. 저는 한국의 미와 독창성을 품은 천년의 비색을 자랑하는 고려청자입니다.

제 8 과   도자기와 청자

◆ 말해 보기 ◆

1) **동영상을 듣고 위의 질문에 답해 봅시다.**
   ① 청자를 만드는 방법에 대해 말해 봅시다.
   ② 고려 청자의 특성에 대해 말해 봅시다.

2) **다음 문장을 중국어로 번역해 봅시다.**
   ① 10세기 이전에 만들어졌고 1300℃ 뜨거운 열기에서 탄생하며 남들이 부러워하는 은은한 푸른색을 입고 있습니다.
   ② 푸른 창공을 나는 학 무늬와 부드러운 허리곡선 그리고 은은한 비색까지 고려인들의 창의력이 세계사에 빛나는 고려청자를 만들었습니다.
   ③ 고려청자의 또 하나의 비밀 '상감기법', 예리한 조각칼로 무늬를 파낸 다음 그 부분에 다른 색 흙물 메워 넣는다.

3) **동영상의 중심 내용을 요약해 봅시다.**

제9과　차와 떡

◆ 학습 목표 ◆

1) 중국의 차 문화를 이해한다.
2) 한국의 떡 문화를 이해한다.
3) 양국의 대표적인 음식 문화에 대해 이해한다.

01 중국의 차

◆ 생각해 보기 ◆

1) 중국의 전통 차 제조 기술과 풍습은 무엇과 관련되는지를 생각해 봅시다.
2) 전통차의 종류에 대해 생각해 봅시다.
3) 차 문화의 특성에 대해 생각해 봅시다.

제 9 과 차와 떡

◆ 들어 보기 ◆

[동영상]

◆ 단어 보기 ◆

萌发	싹이 트다. 움이 돋다.
好山好水出好茶	좋은 산과 좋은 물에서 좋은 차가 난다
分享	공유하다, 함께 나누다
采茶	차를 따다
可持续生计	지속가능하다
珍视	귀중히 여기다, 소중하게 여기다
嘉木	아름답고 진귀한 나무, 가목
采摘	(과일·잎 따위를) 따다, 뜯다
拣选	선택하다, 고르다, 가리다
杀青	살청하다
烘焙	말리다
凝聚力	응집력
代代相传	대대로 전해져 내려오다, 대대로 전해지다
诀窍	비결, 요령

◆ 본문 보기 ◆

01 중국의 차

봄비가 보슬보슬 내린 뒤 따뜻한 기운이 몰려오자, 가벼운 우렛소리에 만물이 소생한다. 매년 3,4월이면 중국 대륙에는 봄이 찾아오며 차나무들에 새싹이 돋기 시작한다. 속담에 좋은 산과 좋은 물에서 좋은 차가 난다는 말이 있듯이 차 농가들은 풍년의 계절을 맞이한다. 이 때는 차 제조사가 가장 바쁜 시기이기도 하다. 그들은 대대로 전해 내려오는 수공예 기술을 사용하여 다양한 맛의 차를 만들어 사람들에게 제공하는데 이로써 다양한 풍습이 형성되었다.

중국의 전통 차 제조 기술과 풍습은 차밭 관리, 차 따기, 차 수공예 기술, 차 마시기와 공유에 대한 지식, 기억과 실천과 관련된다. 수천 년 전부터 중국 사람들은 차를 따고, 만들고, 마시기 시작했다. 윈난(雲南)성 징마이산(景邁山) 사람들은 1,800년동안 차나무를 재배하고 차밭을 관리해 왔다. 서기 8세기 후반에 루위(陸羽)는 <차경(茶經)>이란 책을 썼는데, 이는 차에 대한 지식과 실천을 체계적으로 기술한 최초의 중국 전문서이다. 오늘날에도 이 책은 중국 사람들의 일상 생활 의식과 축제 활동을 위해 사용되고 있으며 사람들에게 지속 가능한 생계를 제공하고 여러 민족이 실천하고 공유하며 소중히 여기는 대상이다.

다자, 남방의 가목이라(차나무는 남쪽지방에서 자라는 상서로운 나무임을 뜻함). 수백 종의 차나무가 친링(秦嶺), 화이허(淮河) 남쪽, 칭장고원(青藏高原) 동쪽의 강남, 강북, 서남과 화남의 4대 차 지역에 분포되어 있다. 오랜 실천 끝에 관련 지역 사회와 개인은 지역 풍토에 따라 녹차, 황차, 흑차, 백차, 우롱차, 홍차 등 6가지 차와 화차 등 2,000여 가지 이상의 재가공 차를 개발해 냈다. 중국 각 지방 사람들은 차에 대한 선호도가 각기 다른데 장쑤성(江蘇)과 저장성(浙江) 일대 사람들은 녹차를 선호하고 푸젠성과 타이완 지역 사람들은 우롱차를 좋아한다. 티베트(西藏), 칭하이(青海), 신장(新疆), 내몽골(内蒙古) 등 지역 사람들은 흑차로 수유차(酥油茶), 나이차(奶茶) 등을 만들기 좋아한다.

차 제조사, 차농, 채차공(採茶工)들은 전통 차 제조 기술의 계승자이자 실천자들이다. 차농은 자연과 생태 법칙에 따라 차밭을 관리한다. 채차공(采茶工, 차를 따는 사람)은 주로 여성이며 차를 따고 차 선별 작업을 한다. 차 제조사는 살청(杀青), 민황(悶黃), 악퇴(渥堆), 위조(萎凋), 주청(做青), 발효(發酵), 음제(窨制) 등의 핵심 기술을 사용하여 찻잎을 차로 바꾸는데 이는 힘들고 신비로운 과정이다. 우롱차를 만드는 과정을 예로 들면, 위조의 목적은 물을 증발시키는 것이고, 주청(做青)은 우롱차 생산의 핵심 기술인데 찻잎이 계속 수분을 잃고 우롱차 향을 낼 수 있도록 여러 번 흔드는 것을 반복하는 것이다.

차 제조사는 웍(炒鍋)을 사용하여 살청한 다음 유념(揉捻, 찻잎을 비벼서 돌돌 말다)해서 즙을 짜내어 잎 표면에 응고시킨 다음 굽는다. 차 제조사가 숯재로 불탄을 감싼 다음 찻잎을 홍롱(烘籠, 참대나 싸리 등으로 만든 바구니)에 놓고 천천히 건조시키면 1차 제조가 완성된다. 수공제작은 주요하게 차 제조사의 경험과 판단에 의존하는 것으로 그들은 기억의 계승과 발전에 특별한 책임을 갖고 있다.

일상 생활 필수품에는 땔나무, 쌀, 기름, 소금, 식초, 차가 포함된다는 속담이 있다. 중국인의 삶에서 차를 마시는 것은 일상 습관일 뿐만 아니라 그에 관련된 의식과 축제의 중요한 구성부분이다. 집에 찾아온 손님에게 차를 대접하고 신혼부부가 결혼식을 올릴 때 양가 부모에게 차를 드리며 다우(茶友)끼리 차를 마시고 투차(鬥茶)를 즐기며 차농이 차신(茶神)에게 제사를 지낸다. 저장성 판안(磐安)에서는 매년 봄과 가을에 묘회(趕茶場)에서 차 신에게 제사를 지낸다. 이러한 풍속은 가족 간의 화목과 대인 관계의 원만함을 증진하였고 문화적 정체성과 사회적 결속력을 향상시켰다. 동시에 다기(茶器), 다가(茶歌), 차극(茶戲) 등 문화 표현의 발전을 촉진하고 문화적 다양성과 인간의 창의성을 입증했다.

현재 이 무형문화유산 프로젝트는 주로 가족 전승, 스승과 제자의 전승 그리고 지역 사회의 전승과 같은 전통적인 방법을 통해 대대로 계승되고 있다. 관련 지식과 기억, 특히 일부 특별한 기억과 노하우는 가족 구성원 간에 전달되며 제자는 스승의 지도 하에 관찰과 실천을 통해 관련 지식과 기술, 노하우를 얻는다. 가족과 지역 사회에서 차를 마시고, 차를 대접하는 등 관련 예절과 의식 활동의 조직 경험과 의궤(儀軌)에 대한 지식은 어른들이 후세에 전수한다. 관련 지역 사회에서는 여성에게 지속 가능한 생계를 제공하기 위해 여성 차 제조사 무형문화재전습소를 설립하였다.

◆ 말해 보기 ◆

1) 동영상을 듣고 위의 질문에 답해 봅시다.

① 중국의 전통 차 제조 기술과 풍습은 무엇과 관련되는지를 말해 봅시다.

② 전통차의 종류에 대해 말해 봅시다.

③ 차 문화의 특성에 대해 말해 봅시다.

2) **다음 문장을 중국어로 번역해 봅시다.**
① 중국의 전통 차 제조 기술과 풍습은 차밭 관리, 차 따기, 차 수공예 기술, 차 마시기와 공유에 대한 지식, 기억과 실천과 관련된다. 수천 년 전부터 중국 사람들은 차를 따고, 만들고, 마시기 시작했다.
② 차 제조사는 살청(杀靑), 민황(悶黃), 악퇴(渥堆), 위조(萎凋), 주청(做靑), 발효(發酵), 음제(窨制) 등의 핵심 기술을 사용하여 찻잎을 차로 바꾸는데 이는 힘들고 신비로운 과정이다.
③ 일상 생활 필수품에는 땔나무, 쌀, 기름, 소금, 식초, 차가 포함된다는 속담이 있다. 중국인의 삶에서 차를 마시는 것은 일상 습관일 뿐만 아니라 그에 관련된 의식과 축제의 중요한 구성부분이다.

3) **동영상의 중심 내용을 요약해 봅시다.**

4) **차 문화에 대해 이야기해 봅시다.**

02 한국의 떡

제 9 과   차와 떡

◆ 생각해 보기 ◆

1) 떡은 주로 언제 먹는 음식인지를 생각해 봅시다.
2) 떡의 종류에 대해 생각해 봅시다.
3) 떡의 문화적 의미에 대해 생각해 봅시다.

◆ 들어 보기 ◆

[동영상]

◆ 단어 보기 ◆

떡시루	（蒸糕用的）蒸笼
친숙하다	熟悉，熟识，亲近
이토록	这么，如此
섞다	掺，掺杂，混合
발굴되다	挖掘，掏
청동기	青铜器
감미되다	甜，香甜
인절미	（切成小方块的）年糕，切糕，糯米糕
찰떡궁합	天作之合，天生一对
다정하다	深情，亲切，亲热
고물	豆沙粉，谷物粉
수수팥떡	豆沙发糕
주무르다	揉，搓
이처럼	这么，这样，如此
인정받다	被认可

◆ 본문 보기 ◆

　한국의 거리에선 떡집을 쉽게 찾아볼 수 있습니다. 한국을 대표하는 전통 음식인 떡은 예로부터 집안에 크고 작은 일들이 있을 때마다 즐겨 먹던 친숙한 음식입니다. 요즘도 명절, 결혼식, 생일 등 다양한 행사에서 떡을 찾고 있는데요. 왜 한국인들은 이토록 떡을 찾는 것일까요?

　쌀 농사를 주로 짓던 옛 선조들은 남은 쌀 재료와 잡곡을 섞어서 떡을 만들어 먹었습니다. 우리 민족이 정확히 언제부터 떡을 만들어 먹었는지는 알 순 없지만 발굴된 떡시루 등을 놓고 볼 때 청동기 또는 초기 철기 시대부터 먹지 않았을까 짐작이 됩니다. 한국인들에게 떡은 오랜 기간 동안 많은 사랑을 받는 전통음식이었습니다.

　요즘처럼 인공조미료가 감미된 자극적인 음식과는 달리 쌀, 콩, 팥 등의 천연재료만으로 만들어지는 웰빙 음식인 떡은 지금까지도 건강식으로 한국인들의 많은 사랑을 받고 있지요. 먹거리가 많지 않던 시절부터 떡은 크고 작은 행사에 빠져서는 안될 중요한 음식이었습니다. 특히 결혼과 같은 집안의 경사에 떡은 필수품이었는데요. 행사별 떡의 자세한 의미에 대해서 알아볼까요?

　"혼례 때는 주로 (인제) 그 찰떡을 가지고 인절미도 만들고 여러 가지 떡을 만들어서 이바지로 보내고 있어요. 근데 그 찹쌀을 가지고 떡을 만드는 이유는 찰떡궁합처럼 부부가 다정하게 오래 살라고 그런 의미에서 찰떡을 만들어서 보내고, 백일 때에는 우리가 하얀 물이라고 해서 하얗게 떡을 만들죠. 그거는 이제 맵쌀가루로 물을 반죽해서 그냥 시루에 앉혀서 만드는데, 그것은 순수하게 아기가 잘 무력무력 잘 자라라고 백설기를 만들고 나쁜 것을 막아주고 건강하게 잘 자라달라는 의미에서 수수팥떡을 열 살까지 해 먹었다고 합니다."

　과거에는 직접 집에서 떡을 만들어 이웃과 나눠먹는 풍습이 많았습니다. 하지만 안타깝게도 현대화가 되면서 그 모습을 찾아보기 힘들어졌습니다. 그러나 최근에 웰빙 열풍을 타고 직접 떡을 만들어 먹는 사람이 늘어나고 있다는데요. 집에서도 손쉽게 만들 수 있는 떡에 대해 알아볼까요?

　"이것은 (인제) 단자라고 그래요. 단자라는 거는 이 안에 소가 들어간 거를 단자라고 그러는데 이것은 삶는 떡이에요. 경단은 소가 없는 걸 경단이라 그러고 이렇게 소가 들어간 것은 단자라 그래요. 애기들 생일 때, 그 다음에 어른들 생신상에 많이 올려요. 이렇게 소를 넣고 이렇게 해서 바람을 빼줘야 돼요. 바람이 안 빠지면 여기 삶을 때에 터지거든요. 잘 터져서 꼭꼭 주물러서 다시 이렇게 또 동그랗게 돌려준 다음에 삶으면 돼요. 아까 삶아서 수분이 조금 제거되면 그 다음에 국물을 묻히는 작업이에요." 자, 이제는 여러분도 집에서 맛있는 떡을 만들어 볼 수 있겠죠.

최근 한류 열풍으로 인해 K푸드에 대한 관심이 높아지고 있는 상황에서 떡을 찾고 배우려는 외국인들이 참 많아졌는데요. 우리 전통음식인 떡에 대한 외국인들의 반응이 상당히 흥미롭습니다.

"매우 흥미롭고 전통적입니다. 한국의 전통문화를 배우게 돼서 즐겁습니다."

"우리 떡 한과가 크고 푸짐한 것 보다는 한입에 쏙들어가는 것, 고물이 떨어지는 것보다는 그냥 먹을 수 있는 것, 더 기능적인 식품이 들어 가야 되고 재료가 들어가야 되고 아름다워야 되고 또 두고 먹어도 굳지 않아야 되고 이런 것이 더 보완이 된다면 정말 훌륭한 떡 한과가 되고……"

"떡을 하면서 내가 먹는 떡이 아니라 나누어 먹는 떡으로, 항상 가족을 생각하고 내가 좋은 일이 있을 때에 동네사람들과 나누어 먹고 직장동료나 아는 사람들과 나누어 먹겠다는 그런 생각이 들어서 아마 떡은 사랑이고 나눔이고 우리 민족성과 같지 않나 이런 생각이 들어요."

이처럼 몸에도 좋고 맛도 좋은 떡은 한국인들뿐만 아니라 전 세계인들이 즐길 수 있는 웰빙 식품으로 인정받고 있습니다. 그 우수한 떡의 세계화를 위해서 우리가 좀 더 노력해 우수한 한국의 전통문화를 세계 속에 꽃피우는 날이 하루빨리 왔으면 좋겠습니다.

◆ 말해 보기 ◆

1) 동영상을 듣고 위의 질문에 답해 봅시다.

① 떡은 주로 언제 먹는 음식인지를 말해 봅시다.
② 떡의 종류에 대해 말해 봅시다.
③ 떡의 문화적 의미에 대해 말해 봅시다.

2) 다음 문장을 중국어로 번역해 봅시다.

① 요즘처럼 인공조미료가 감미된 자극적인 음식과는 달리 쌀, 콩, 팥 등의 천연재료만으로 만들어지는 웰빙 음식인 떡은 지금까지도 건강식으로 한국인들의 많은 사랑을 받고 있지요.

② 찹쌀을 가지고 떡을 만드는 이유는 찰떡궁합처럼 부부가 다정하게 오래 살라고 그런 의미에서 찰떡을 만듭니다.

③ 떡을 하면서 내가 먹는 떡이 아니라 나누어 먹는 떡으로, 항상 가족을 생각하고 내가 좋은 일이 있을 때에 동네사람들과 나누어 먹고 직장동료나 아는 사람들과 나누어 먹겠다는 그런 생각이 듭니다.

3) 동영상의 중심 내용을 요약해 봅시다.

제10과 한푸(漢服)와 한복(韓服)

◆ 학습 목표 ◆

1) 중국 한푸의 문화적 의미를 이해한다.
2) 한국 한복의 문화적 의미를 이해한다.
3) 중국의 한푸에 대해 한국어로 이야기할 수 있어야 한다.

01 중국의 한푸

◆ 생각해 보기 ◆

1) 한푸 이름의 유래를 생각해 봅시다.
2) 한푸의 역사에 대해 생각해 봅시다.
3) 한푸의 문화적 의미를 생각해 봅시다.

◆ 들어 보기 ◆

[동영상]

◆ 단어 보기 ◆

同袍	동포, 사이가 좋은 친구
痴迷	사로잡히다
爱好者	애호가
四书五经	사서오경
三皇五帝	삼황오제
林林总总	수많다, 매우 많다
元素	요소, 원소
刺绣	자수
流苏	(수레, 깃발, 장막, 초롱 따위의 가장자리에 꾸밈새로 늘어뜨리는) 느림이나 술
颜值	외모, 얼굴값, 비주얼
追求	추구하다
襟	옷깃
崇尚	숭상하다, 숭배하다
圆领衫	라운드 셔츠
短袄	저고리
凤冠霞帔	봉황 장식을 한 관에 아름다운 수를 놓은 술
心驰神往	마음이 끌리다
网店	인터넷 쇼핑몰
精致	정교하다
缤纷富丽	화려하고 아름답다
盛大	성대하다

제10과 한푸(漢服)와 한복(韓服)

◆ 본문 보기 ◆

01 중국의 한푸

현재 한푸 문화는 중국의 빠링허우(八零後, 1980-1989년 생), 주링허우(九零後, 1990-1999년 생) 그리고 링링허우(零零後, 2000-2009년 생)를 포함한 중국 젊은이들에게 가장 인기 있는 문화 현상 중 하나이다. 만약 당신이 나처럼 한푸를 입고 거리를 거닌다면 도중에 한푸 애호가를 만날 가능성이 크다. 그렇다면 왜 이렇게 많은 사람들이 한푸 문화의 매력에 빠져들었을까? 한푸는 도대체 어떤 매력을 가지고 있을까? 그럼 오늘은 우리 함께 한푸의 세계로 들어가 볼까요?

한푸의 정식 명칭은 한민족(漢民族) 전통복식으로 황제가 입기 시작하여 상주(商周)시기에 정형화되었으며 한나라(漢朝)의 사서오경에 근거하여 완전한 관복 체계(冠服體系)를 형성한 뒤로 끊임없이 발전하였다. 청나라 이전까지 중국의 주류 의류였다. 한푸의 한(漢)은 한나라를 가리키는 것이 아니라 한나라에서 민족 전체를 지칭하는 말로 확대되었다. 서양에서 중국의 국학을 '한학(漢學)'이라고 부르는 것처럼 한학은 한나라의 학문만을 가리키는 것이 아니다.

중국의 한어(漢語), 한자(漢字)도 한나라의 언어 문자만을 가리키는 것이 아니다. 삼황오제(三皇五帝)에서 현재에 이르기까지 한푸는 은하수의 별빛 같이 찬란한 한민족의 심미적 지혜, 세련되고 뛰어난 공예 수준, 아름답고 매력적인 중국적 색채를 담고 있다. 각양각색의 화려한 의상은 오늘날 중국 천년의 미학을 한몸에 수놓은 듯한 독특한 풍격을 형성하였다. 과거에는 젊은이들이 외국의 유행을 따라 입는 것을 좋아했지만 이제는 중국 전통문화를 대표하는 패션에 관심을 갖게 되었고 외국의 젊은이들조차 한푸의 화려함에 매료되고 있다.

"중국의 전통 의상 한푸는 정말로 아름답습니다! 한푸를 입으면 진정한 동양 미인이 된 싶습니다. 한푸는 매우 화려하고, 또한 매우 많은 요소를 가지고 있습니다. 중국의 자수(刺繡), 태슬(流苏) 등은 매우 다원적이고 흥미롭습니다. 한푸로 인해 나도 많은 중국 친구들을 사귀게 되었습니다."

이러한 심미적 변화로 인해 한푸 문화의 대중화는 중국에서 외국으로까지 확산

되었다. 요즘 청년들에게 왜 한푸를 좋아하냐고 물으면 그들이 꼽는 첫 번째 이유가 바로 비주얼이다. 확실히 지금은 비주얼이 각광을 받는 시대이긴 하다. 하지만 젊은이들이 한푸를 좋아하는 이유는 비주얼뿐만 아니라 국풍 문화에 대한 정신적 추구의 반영이기도 한다.

한푸는 옷차림을 말하는 것처럼 보이지만 실은 옷차림만을 가리키는 것이 아니다. 여기에는 '규칙(規矩)'이 정말 많다! 먼저 옷깃은 옷의 앞부분이고 왼쪽을 왼쪽 옷깃, 오른쪽을 오른쪽 옷깃이라고 한다. 상의(上衣)와 하상(下裳)으로 나뉘어져 있고, 입을 때 왼쪽 옷깃을 오른쪽 옷깃 위로 여미는 것이 한푸의 상징적 특징 중 하나이다.

먼저 왼쪽 옷깃을 오른쪽 옷깃 위로 여며 y자형 모양으로 옷을 입는 것은 고대 중원 한족들이 우(右)를 숭상하는 사상을 보여준다. 다음으로 시기별로 한푸의 스타일과 입는 방법도 조금씩 다르다. 당나라에서 만든 제흉유군(齊胸襦裙, 치마의 허리춤을 가슴패기 위까지 끌어올려 기장을 매우 길게 늘어뜨림) 스타일은 화려한 색상으로 단아하고 하늘하늘한 느낌을 준다. 원령삼(圓領衫, 라운드 셔츠)은 역대의 많은 왕조에서 사용한 양식이다. 송나라의 스타일은 상큼하고 우아하며 명나라에서 만든 짧은 솜 저고리는 단정하고 대갓집 규수의 풍격을 가지고 있다.

일반적인 양식 외에도 고대 중국의 결혼에서 여성의 신분과 지위를 상징하는 봉관하피(鳳冠霞帔, 봉황장식을 한 관에 아름다운 수를 놓은 술)라는 특별한 복장이 있다. 봉관은 고대 여인의 관모 중 가장 귀한 예관이었고, 하피의 색은 마치 하늘의 구름과 같았다. 예법에 따라 봉관하피는 고대의 후비(后妃)나 명부(命婦) 등 고귀한 신분을 가진 여성만이 착용할 수 있는 복장이었다. 그러나 혼인은 여자의 일생일대 큰일이기 때문에 민간에서는 봉관하피라는 이름을 빌려 관가와는 다른 양식으로 옷을 지어 여성에게 아름다운 동경을 선사한다.

천 년 동안 지속된 한푸 문화, 그 아름다운 풍채와 심오한 화하(華夏) 문명은 수많은 젊은이들의 마음을 사로잡았다! 이들 한푸 애호가들은 한문화에 정통해 한푸 영상 업로드인이 되기도 하고, 한푸를 좋아하는 사업으로 삼아 한푸 쇼핑몰을 열기도 한다. 오늘은 한푸 체험관을 찾아 그들의 이야기를 들어보도록 하겠다.

"여러분, 오늘 제 옷차림이 어떤가요?"

제10과 한푸(漢服)와 한복(韓服)

"부채 하나 더 추가할 수 있어요!"

"부채를 추가하니 더욱 스타일리쉬한 것 같군요."

"그럼 그들은 이렇게 다양한 의류를 어떻게 고객들에게 추천할까요?"

"손님들이 방문하시기 전에 위챗에서 예약하실 때, 저희 가게 모든 의상의 카탈로그를 보내드려요. 그러면 손님들은 자신이 선호하는 스타일을 선택하죠. 우리는 다시 손님의 키와 몸무게에 따라 몇 가지 더 추천해 드려요. 그러면 손님이 그날 오셨을 때 바로 마음에 드는 걸로 입어보실 수 있고요, 안 맞으면 다른 걸로 바꾸세요. 마음에 드는 옷을 선택하는 것이 가장 중요하죠."

"드라마에서 한푸를 입은 장면을 볼 때마다 메이크업, 의상, 머리장식이 매우 복잡하고 정교하다고 느꼈어요. 그럼 이 부분은 보통 누가 책임지고 하시는 건가요?"

"이 부분은 보통 화장사가 하지만 드라마에서 입는 한푸는 일반적으로 영화나 TV의 스타일이어서 그 왕조의 의복 양식이나 머리 스타일에 부합하지 않을 수도 있어요."

"그럼 한푸 가게를 오픈한 뒤에 대개 어떤 사람들이 가게를 찾아오시나요? 그들은 주로 한푸로 무엇을 하나요?"

"오픈하고 나서 보통 관광객들이 많이 찾아와요. 사실 처음에는 외국 관광객들한테 입히려고 했어요. 그래서 저도 외국인들이 중국에 왔을 때 우리 한푸를 입어 봤으면 좋겠다고 생각했죠. 우리 중국의 전통 의상도 아주 예쁜 옷이라는 것을 알게끔 하기 위해서였죠. 관광객이 한 80% 정도 되고 나머지는 한푸 애호가분들이에요. 애호가 분들은 각자 자기 옷을 입고 와서 그냥 저희 쪽에 와서 스타일링만 하시는 거예요."

한푸 열풍이 불면서 한푸 축제도 추앙받게 되었다. 젊은이들은 각 왕조의 화려하고 아름다운 옷을 입고 거리로 나와 사람들에게 자신의 옷차림과 재능을 선보였다. 한푸 애호가들은 향연을 즐기는 동시에 중국 복장의 아름다움을 널리 알렸다. 전국 각지에서 온 한문화 애호가들이 모여 한푸 대형 무대를 만들었다. 한푸가 국제무대에 등장했을 때, 동양의 아름다움은 세계인을 놀라게 했다! 중국은 일찍이 의관상국(衣冠上國)의 명성을 누렸었다. 실크로드가 개통된 후, 중국의 비단과

견직물은 아시아와 유럽 국가의 선망의 대상이 되었었다. 오늘날, 한푸 문화는 중국의 젊은 세대들에게서 다시 붐을 일으키고 있다. 이것은 중국 전통 예절 코드의 화려한 시작이며 중국의 위대한 문화 정신의 성대한 회귀이다.

◆ 말해 보기 ◆

1) 동영상을 듣고 위의 질문에 답해 봅시다.
   ① 한푸 이름의 유래를 말해 봅시다.
   ② 한푸의 역사에 대해 말해 봅시다.
   ③ 한푸의 문화적 의미를 말해 봅시다.

2) 다음 문장을 중국어로 번역해 봅시다.
   ① 한푸의 정식 명칭은 한민족(漢民族) 전통복식으로 황제가 입기 시작하여 상주(商周)시기에 정형화되었으며 한나라(漢朝)의 사서오경에 근거하여 완전한 관복 체계(冠服體系)를 형성한 뒤로 끊임없이 발전하였다.
   ② 과거에는 젊은이들이 외국의 유행을 따라 입는 것을 좋아했지만 이제는 중국 전통문화를 대표하는 패션에 관심을 갖게 되었고 외국의 젊은이들조차 한푸의 화려함에 매료되고 있다.
   ③ 한푸가 국제무대에 등장했을 때, 동양의 아름다움은 세계인을 놀라게 했다! 중국은 일찍이 의관상국(衣冠上國)의 명성을 누렸었다.

3) 동영상의 중심 내용을 요약해 봅시다.

4) 한푸에 대해 한국어로 소개해 봅시다.

제10과 한푸(漢服)와 한복(韓服)

02 한국의 한복

◆ 생각해 보기 ◆

1) 한복의 종류에 대해 생각해 봅시다.
2) 한복의 특징에 대해 생각해 봅시다.
3) 한복의 문화적 의미에 대해 생각해 봅시다.

◆ 단어 보기 ◆

통	围，粗细，度量，心胸
주름치마	褶裙
부풀리다	使……膨胀，使……充满
가부장제	家长制，父权制
쓰개치마	（古代女子外出用的）连帽披风，套头披风
문물	文化产物
가속화되다	加快，加速
제외하다	除外，例外
발맞추다	同步

주목받다	受注目，被关注
개량하다	改良，改进，改善
단순하다	简单，单纯
마고자	马褂
빈약하다	贫乏，缺乏
단정하다	端正，整齐
아담하다	淡雅，文静
상박하우	上薄下厚
실루엣	剪影，侧影，轮廓像
두루마기	（韩式）长袍，罩袍，大褂
덧대다	再加一层，附加
공동체	共同体

◆ 들어 보기 ◆

[동영상]

◆ 본문 보기 ◆

한복은 우리나라 고유의 전통의복입니다. 한복의 역사는 상당히 오래되었는데요. 고구려 고분 벽화와 백제 신라의 유물에서 한복의 모습을 찾아볼 수 있습니다. 시대에 따라서 그 모양이나 종류가 조금씩 달라지기도 하였는데 삼국시대에는 통이 좁은 바지를 입었으며 삼국통일 이후에는 주름치마나 색동치마 등 다양한 종류의 치마를 입었습니다. 또한 여자들은 치마 속에 여러 겹의 바지를 입어 치마를 부풀리기도 하였습니다.

조선 중기 이후에는 성리학의 가부장제가 강화되면서 여자들은 얼굴을 가린 채로 외출을 해야 했고 그로 인해 장의와 쓰개치마가 나타났습니다. 그리고 개화기 이후에는 한복의 마고자와 조끼 등의 옷이 추가되기도 하였습니다. 저고리 위에 입는

제10과 한푸(漢服)와 한복(韓服)

마고자는 1887년 흥선대원군이 만주에서 귀국할 때 청나라 옷이었던 마괴를 입고 온 것에서 유래되었습니다. 그리고 양복의 영향을 받아 조끼를 입게 되었는데 주머니가 없는 한복의 단점을 보완하여 주머니가 달린 조끼가 크게 유행하였다고 합니다.

하지만 서양의 문물이 계속 밀려들어 오면서 서양 옷을 입은 사람들은 크게 늘어난 데에 비해 한복을 입은 사람의 수는 점점 줄어들었습니다. 이런 현상은 1960년대부터 서구식 근대화의 영향으로 가속화되었으며 오늘날에는 결혼식을 비롯한 특별한 날을 제외하면 한복 입은 모습을 찾아보기 어렵게 되었습니다. 그러나 최근에는 한복을 개량해 만든 생활 한복을 입거나 한복을 입고 궁궐에 놀러가는 등 변화하는 시대의 발맞춰 한복의 가치가 다시 주목받고 있습니다. 한복은 단순한 디자인에 곡선과 직선의 아름다운 조화가 특징입니다. 특히 여자의 한복은 윗부분은 빈약하고 아랫부분은 풍성한 상박하우의 실루엣을 나타내고 있어 전체적인 옷차림이 단정하고 아담합니다.

한복의 종류는 예복과 평상복으로 구별되며 남녀별 성인용과 어린이용 계절별로도 나뉩니다. 남녀의 평상복을 살펴보면 남자는 저고리와 바지를 입은 뒤에 허리띠와 대님을 매며 겉옷으로 조끼나 마고자 두루마기를 입습니다. 여자는 속적삼과 바지, 속치마 등 여러 개의 속옷을 입은 뒤 저고리와 치마를 입습니다. 짧은 저고리와 길고 풍성한 치마가 특징적입니다. 아이들은 돌이나 명절 때마다 색동을 덧댄 색동저고리 색동 두루마기 등을 입었는데 여기에는 건강과 화평을 기원하는 의미가 담겨 있습니다.

예로부터 우리 민족은 설이나 추석 등 명절이 되면 새로 원단을 장만하여 손수 옷을 지어 입었는데 이를 '설빔', '추석빔', '단오빔'이라고 하였습니다. 이처럼 계절이 바뀌는 명절에 필요한 옷을 장만하여 가족의 건강과 안녕을 기원하였습니다. 뿐만 아니라 한복은 입은 사람의 마음가짐이나 행동이 그대로 드러나기 때문에 예절을 가르치는 기능을 합니다. 단정하게 맨 저고리 고름이나 뒤트임이 있는 치마는 입는 이의 행동을 더욱 조심스럽게 합니다.

따라서 우리 민족에게 한복은 단순히 의복이 아니라 가족 공동체의 안녕을 기원하고 예를 갖추게 하는 중요한 요소인 것입니다. 2022년 '한복생활'이 국가 무형 문화재로 지정되었습니다. 앞으로는 한복을 의복과 생활풍습이 결합된 의생활로 기억하여 한복에 담긴 우리 민족의 정체성을 되새겨 봅시다.

◆ 말해 보기 ◆

1) 동영상을 듣고 위의 질문에 답해 봅시다.
   ① 한복의 종류에 대해 말해 봅시다.
   ② 한복의 특징에 대해 말해 봅시다.
   ③ 한복의 문화적 의미에 대해 말해 봅시다.

2) 다음 문장을 중국어로 번역해 봅시다.
   ① 조선 중기 이후에는 성리학의 가부장제가 강화되면서 여자들은 얼굴을 가린 채로 외출을 해야 했고 그로 인해 장의와 쓰개치마가 나타났습니다.
   ② 최근에는 한복을 개량해 만든 생활 한복을 입거나 한복을 입고 궁궐에 놀러가는 등 변화하는 시대의 발맞춰 한복의 가치가 다시 주목받고 있습니다.
   ③ 한복은 단순히 의복이 아니라 가족 공동체의 안녕을 기원하고 예를 갖추게 하는 중요한 요소인 것입니다.

3) 동영상의 중심 내용을 요약해 봅시다.

제 3 단원 속담과 이야기

제11과 '天下爲公, 民爲邦本'과 한석봉 어머니

◆ 학습 목표 ◆

1) '천하위공, 민위방본' 속담의 의미를 이해한다.
2) '한석봉 어머니'의 이야기를 이해한다.
3) '천하위공, 민위방본' 속담과 관련하여 한국어로 이야기할 수 있어야 한다.

01 천하위공, 민위방본

◆ 생각해 보기 ◆

1) '천하위공, 민위방본' 속담의 의미를 생각해 봅시다.
2) '천하위공, 민위방본' 속담의 이념에 대해 생각해 봅시다.
3) '천하위공, 민위방본'에 대해 예를 들어 설명해 봅시다.

◆ 들어 보기 ◆

[동영상]

◆ 단어 보기 ◆

大道之行也，天下为公	대도가 행해지면 천하는 만인(万人)의 것이다
选贤与能	어질고 재능 있는 사람을 뽑다
讲信修睦	신용을 중시하다
朴素	소박하다
契合	부합하다
谋	도모하다, 모색하다
攻坚	적의 견고한 방어물을 공격하다, 난관을 돌파하다
小康	(모든 백성이 풍족하고 편안한 생활을 누리는 사회) 샤오캉
诠释	해석하다, 설명하다
构建人类命运共同体	인류운명공동체를 구축하다
签署	서명하다, 조인하다
谆谆教导	간곡하게 타이르다, 잘 선도하다
民为邦本，本固邦宁	백성은 국가의 근본이요, 근본이 튼튼하면 나라가 평안하다
藐视	멸시하다
以人民为中心	인민 중심
江山就是人民，人民就是江山	강산이 바로 인민이고, 인민이 바로 강산이다
新征程	신여정, 새로운 여정

◆ 본문 보기 ◆

01 천하위공, 민위방본

'대도가 행해지면 천하는 만인(万人)의 것이다. 어질고 재능 있는 사람을 뽑고, 신용을 중요시하며, 이웃과 선린우호관계를 맺어야 한다.' 대도지행(大道之行), 천하위공(天下爲公)의 대동사상(大同思想)은 선진(先秦)시대부터 시작된 소박한 사회적 이상과 천하관(天下觀)이다. 2,000여 년 동안 중국인들은 사회의 공평과 정의를 추구하고 발전을 공유하는 길을 끊임없이 모색해 왔다. '천하위공' 이념은 그 사이를 관통하고 사람들이 분발하여 전진하도록 격려하는 정신적 원동력이 되었다. '천하위공' 이념은 공산당 선언에서 제시한 공산주의 비전 구상과 내재적으로 일치하며, 공산당원들의 분투 목표와도 일치하다.

10월 혁명의 포성은 중국에 마르크스-레닌주의(馬克思列寧主義)를 가져다주었다. 100여 년 동안 중국 공산당은 시종일관 초심을 잃지 않고 고도의 사명감으로 중국 인민의 행복, 중화민족의 부흥, 인류의 진보, 대동 세계의 구축을 위해 분투해 왔다. '천하위공' 사상은 고대의 중국에 새로운 생기와 활력을 불어 넣었다. 중국은 세계에서 인구가 가장 많은 국가들 중 빈곤 퇴치와 전면적 샤오캉사회(小康, 모든 국민이 풍족하고 편안한 생활을 누리는 사회)의 목표를 실현함으로써 세계에서 중산층 인구가 가장 많은 나라가 되었다. 이는 '천하위공'에 대한 가장 좋은 해석인 셈이다.

푸른 산이 구름과 비를 함께 동반하고, 우리가 함께 밝은 달을 공유하고 있으니 어찌 다른 곳에 있다고 할 수 있겠는가? 중국 공산당 제18차 전국대표대회 이래, 시진핑 총서기는 마르크스주의 정치가, 이론가, 전략가의 넓은 시야와 흉금으로 인류운명공동체 건설을 제안하고, '천하위공' 사상을 전례 없는 새로운 경지로 끌어올렸다. 일대일로 이니셔티브를 제안한 후 10년 동안 중국은 151개 국가, 32개 국제 기구와 200여 개의 공동 건설 협력 문서를 체결하였다. 일대일로는 오늘날 세계에서 가장 큰 국제 협력 플랫폼이자 가장 인기 있는 국제 공공재가 되었다.

천하위공, 천년추구(千年追求), 창신이론(創新理論), 인류공향(人类共享)이니

라. 청년 마오쩌둥(毛澤東)은 샹장(湘江) 평론에서 다음과 같이 호소하였다. 천하의 자들이여, 우리의 천하이고, 국가의 자들이여, 우리의 국가이며, 사회자들이여, 우리의 사회이다. 우리가 말하지 않으면 누가 말하고, 우리가 하지 않으면 누가 할 것인가? 중국식 현대화의 새로운 여정에서 시진핑 총서기는 우리에게 우리 모두가 분투를 목표로 하는 사람들이고, 꿈을 쫓는 사람들이며, 위대한 사람들이라고 하셨다. 천하의 흥망은 평범한 사람들에게도 책임이 있다. 대도가 행해지려면 나부터 해야 한다.

"백성을 가까이하나 능멸해서는 안 된다. 백성은 국가의 근본이요, 근본이 튼튼해야 나라가 평안하다"는 말은 〈상서·오자지가〉《(尙書·五子之歌)》에 기록된 대화이다. 하(夏)나라 대우(大禹)의 손자 태강(太康)이 덕을 잃는 바람에 백성들의 반감을 사게 되었다. 동생들이 태강에게 "백성은 가까이 해야 하지만 능멸해서는 안되며 백성은 국가의 근본이기 때문에 백성이 편안히 살아야 나라가 평안할 수 있다"고 설득했다. 맹자가 제시한 '민귀군경(民貴君輕)'에서부터 양계초(梁啟超)가 주창한 '주권재민(主權在民)', 손중산(孫中山)의 '삼민주의(三民主義)'에 이르기까지, '민위방본(民爲邦本)'이 말하는 백성은 국가발전과 안정의 근본이라는 소박한 이치로 전통적인 치국이념의 사상적 토대를 마련했다. 지금에 이르러 '민(民)'의 개념은 옛날과 조금 다르지만 '민위방본(民爲邦本)'은 본질적으로 마르크스주의의 인본(人本) 이념과 고도로 부합한다. 마르크스주의의 유물사관과 공산당원의 이상적 신념은 '민위방본'에 새로운 함의를 부여하고, 인민이 역사의 창조자이며 사회변혁과 역사발전의 결정적 역량임을 강조한다.

신시대 중국 공산당원들은 항상 '인민 중심'의 발전사상을 견지하고, 광범위한 인민들의 근본이익을 실현하고 유지하며 발전시키는 것을 모든 업무의 출발점과 종착점의 목표로 삼았다. 전반 과정의 인민민주주의를 발전시키고 사회의 공정성과 정의를 수호하며 인민들의 적극성, 능동성, 창의성을 충분히 동원하는 것은 신시대 '인민을 근본으로 삼는' 이념의 생생한 구현이다.

강산이 바로 인민이고, 인민이 바로 강산이다. 중국 공산당 지도자들은 인민을 이끌고 정권을 잡고 나라를 지킨다. 그들이 지키는 것은 인민의 마음인 것이다.

현대화를 실현하는 것은 각국 국민들의 공통된 바람이자 목표이다. 현재 전

제11과 '天下爲公, 民爲邦本'과 한석봉 어머니

세계적으로 현대화를 실현한 국가와 지역은 30개 미만이고, 총 인구는 10억 명을 초과하지 않는다. 현대 중국은 14억 명 이상의 인구를 바탕으로 중국식 현대화를 전면적으로 추진하고 있다. 이는 현대화의 세계 판도를 완전히 바꿀 것이며 인류 역사에도 지대한 영향을 미칠 것이다. 이 새로운 여정에서 중국 공산당원들은 시종일관 인민의 입장을 견지하고 인민을 섬기겠다는 결연한 맹세를 실천하며 반드시 광범위한 인민 대중을 이끌고 더 나은 삶을 창조하고 더 나은 내일을 향해 나아갈 수 있을 것이라고 믿어 의심치 않는다.

◆ 말해 보기 ◆

1) 동영상을 듣고 위의 질문에 답해 봅시다.
   ① '천하위공, 민위방본' 속담의 의미를 말해 봅시다.
   ② '천하위공, 민위방본' 속담의 이념을 말해 봅시다.
   ③ '천하위공, 민위방본'에 대해 예를 들어 말해 봅시다.

2) 다음 문장을 중국어로 번역해 봅시다.
   ① 대도지행(大道之行), 천하위공(天下爲公)의 대동사상(大同思想)은 선진(先秦)시대부터 시작된 소박한 사회적 이상과 천하관(天下觀)이다.
   ② "백성을 가까이하나 능멸해서는 안 된다. 백성은 국가의 근본이요, 근본이 튼튼해야 나라가 평안하다"는 말은 <상서·오자지가>(《尚書·五子之歌》)에 기록된 대화이다.
   ③ 현대화를 실현하는 것은 각국 국민들의 공통된 바람이자 목표이다.

3) 동영상의 중심 내용을 요약해 봅시다.

02 한석봉과 어머니

◆ 생각해 보기 ◆

1) 한석봉은 누구인지 생각해 봅시다.
2) 이야기가 전하는 교육의 가치에 대해 생각해 봅시다.

◆ 들어 보기 ◆

[동영상]

◆ 단어 보기 ◆

패러디	（parody）模仿
뒷바라지	照料，照顾
매진하다	卖光，卖完，售完
참되다	真正，真实，实在
죽림정사	竹林精舍

제11과 '天下爲公, 民爲邦本'과 한석봉 어머니

삐뚤삐뚤	歪歪斜斜
흐트러지다	凌乱，散乱
냉정하다	冷情，无情，冷漠
헤아리다	揣摩，揣测，衡量，掂量
현판	牌，牌额，匾额
심심찮다	不时，频繁，经常
왕희지체	王羲之(字)体

◆ 본문 보기 ◆

"어머님 글씬 잘 써지는데, 기억이 잘 안 나옵니다."

"아니 그래가지고 큰일을 하겠느냐."

한석봉과 어머니의 이야기는 한국의 다양한 광고들에서 패러디 될 만큼 한국인들에게 많이 알려진 이야기입니다. 떡 장사를 하며 아들 뒷바라지를 하던 한석봉의 어머니는 글 공부를 위해 아들을 전라남도 영암에 중림정사로 떠나 보냅니다. 어머니는 십 년 동안 학업에만 매진하라며 보고 싶어도 찾아오지 말라고 당부를 하는데요. 한석봉은 어머니의 큰 가르침을 받아 굳은 결심을 하고 집을 나서죠. 삼 년이 지나고 어머니가 그리웠던 한석봉은 한밤에 집으로 돌아옵니다.

"어머니."

"밖에 뉘시오?"

"접니다. 석봉이, 제가 왔어요."

한석봉은 반가운 마음에 어머니께 달려들어가지만 어머니는 갑자기 찾아온 아들의 모습에 많이 놀랍니다. 어머니는 집으로 다시 돌아온 이유를 물었고 한석봉은 어머니에 대한 그리움을 말했습니다. 그리고 자신의 글 솜씨를 자만하며 글방을 나와도 된다고 어머니께 말합니다. 그의 말에 어머니는 참된 가르침을 주기 위해 한 가지 제안을 하게 됩니다. 불을 끈 상태로 한석봉은 종이에 글을 쓰고 어머니는 내일 장에 내다 팔 떡을 썰어내자는 것이었습니다. 불을 끈 상태에서 누가 더 예쁘게 쓰고 써느냐에 대한 대결이었던 것이죠. 어머니는 한석봉이 이기면 공부를 그만하고 지금 집으로 돌아와도 된다고 말했습니다.

하지만 한석봉이 진다면 지금 바로 다시 공부를 위해 죽림정사로 떠나야 된다고도 하셨죠. 칠흑같이 깜깜한 방 안에서 어머니는 떡을 썰고 한석봉은 글을 쓰기 시작했습니다. 그리고 한참 후 어머니가 다시 불을 켰습니다. 그런데 이게 웬일일까요? 어머니가 썬 떡은 하나같이 단정하게 정리되어 있는 반면 한석봉이 쓴 글씨는 삐뚤삐뚤 제멋대로 흐트러져 있었습니다. 어머니는 한석봉의 글씨를 보고 다시 돌아가라고 냉정하게 말씀하셨습니다. 그 후 한석봉은 어머니의 뜻을 헤아리고 더욱 공부에 매진하겠다고 다짐합니다. 결국 어머니와의 약속을 지킨 한석봉은 훗날 서도의 명인이자 한문의 본고장인 중국에까지 이름을 떨친 명필가가 되었다는 이야기입니다.

조선의 명필가인 한석봉의 서체는 당시 많은 이들에게 칭송을 받았습니다. 퇴계 선생이 세운 도산 서원 전교당의 현판 역시 한석봉의 작품이죠. 우리가 주로 한석봉이라고 알고 있는 그의 정식 이름은 한호입니다. 석봉은 그의 호입이다.

추사 김정희 선생과 쌍벽을 이룬 그의 서예 실력은 조선 중기 많은 이들에게 사랑을 받았는데요. 우리가 잘 알고 있는 한국의 주요 문화재들에서 그의 글씨를 심심찮게 찾아볼 수 있습니다.

"글씨는 역대의 중국의 왕희지체(중국 최고의 서예가인 왕희지의 글씨체)를 굉장히 좋아했기 때문에 왕희지체 서법을 계속 학습하고 이거를 자기화시켜서 조선시대의 많은 서예가들에게 영향을 주었습니다. (한석봉의 글씨체는) 방정한 틀을 지니고 있고 단정한 그런 글씨체들의 특징을 지니고 있습니다."

가정교육의 중요성이 더욱 강조되는 현대사회에서 한석봉과 어머니의 일화를 통해 참된 교육의 가치를 발견해보는 건 어떨까요?

◆ 말해 보기 ◆

1) 동영상을 듣고 위의 질문에 답해 봅시다.

① 한석봉은 누구인지 말해 봅시다.

② 이야기가 전하는 교육의 가치에 대해 말말해 봅시다.

2) **다음 문장을 중국어로 번역해 봅시다.**

① 한석봉은 어머니의 큰 가르침을 받아 굳은 결심을 하고 집을 나서죠.

② 불을 끈 상태로 한석봉은 종이에 글을 쓰고 어머니는 내일 장에 내다 팔 떡을 썰어내자는 것이었습니다.

③ 결국 어머니와의 약속을 지킨 한석봉은 훗날 서도의 명인이자 한문의 본고장인 중국에까지 이름을 떨친 명필가가 되었다는 이야기입니다.

3) **동영상의 중심 내용을 요약해 봅시다.**

제12과 '爲政以德, 革故鼎新'와 돌하르방

◆ 학습 목표 ◆

1) '위정이덕, 혁고정신'의 속담의 의미를 이해한다.
2) 제주의 돌하르방에 담긴 의미를 이해한다.
3) '위정이덕, 혁고정신' 속담과 관련하여 한국어로 이야기할 수 있어야 한다.

01 위정이덕, 혁고정신

◆ 생각해 보기 ◆

1) '위정이덕, 혁고정신'의 속담의 의미를 생각해 봅시다.
2) '위정이덕, 혁고정신'의 속담의 이념에 대해 생각해 봅시다.
3) '위정이덕, 혁고정신'에 대해 예를 들어 설명해 봅시다.

제12과 '爲政以德，革故鼎新'와 돌하르방

◆ 들어 보기 ◆

[동영상]

◆ 단어 보기 ◆

为政以德	위정이덕(덕으로 정치를 함)
以德治国	이덕치국(덕으로 나라를 다스림)
拱卫	수호하다, 호위하다
吻合	들어맞다, 부합하다
造福	행복하게 하다, 행복을 주다
夙愿	숙원
洞察力	통찰력
明大德	덕행을 분명히 지키다
守公德	공공도덕을 수호하다
严私德	개인도덕을 엄격히 지키다
革故鼎新	혁고정신(낡은 것을 버리고 새것을 취함)
鼎新	혁신하다
烙印	낙인, 흔적
举世瞩目	온 세상 사람이 모두 주목하다
浩浩汤汤	(물이 한없이 넓게 흐르는 모양) 호호탕탕
蹄疾步稳	쾌속적이고 안정적이다

01 위정이덕, 혁고정신

　공자는 군주가 어떻게 나라를 다스렸는지를 이야기하면서 북극성을 예를 들어 형상적으로 비유했다. 공자께서 말씀하셨다. 정치가가 도덕을 근본으로 삼는다면 마치 하늘의 중추인 북극성이 제자리에 머물러 있어도 뭇별들이 으레 질서정연하게 북극성을 향하는 것과 같다고 하였다. '위정이덕(爲政以德, 덕으로 정치를 함)'은 당연히 공자께서 군주의 입장에서 말씀한 것이고 '위정' 역시 군주의 정치를 가리킨다.

　이는 오늘날 우리가 말하고 있는 '이덕치국(以德治國, 덕으로 나라를 다스림)'과 매우 다르지만 결국은 둘 다 인민을 위하는 것이다. 이 개념은 본질적으로 마르크스주의 정당의 도덕 가치관과 일치하며 집권자가 숭고한 도덕적 규범을 구축해야 함을 강조함으로써 인민의 지지와 사랑을 받는다. '위정'은 공산당이 인민을 위해 집권하는 것을 말한다. '위정이덕'은 인민을 위해 복무하는 집권 이념과 인민 중심의 사상을 견지하며 양호한 당풍과 정부기풍으로 사회기풍을 선도하고 광범한 인민을 이롭게 하는 것이다.

　'위정이덕'은 중국 공산당이 시종 견지하는 치국이념(治國理念)이다. 의법치국과 의덕치국의 결합을 견지하여 점차 중국 공산당원들이 '위정이덕' 이념의 계승과 발전을 실현하였다. '공산당은 인격적인 힘을 가져야 민심을 얻을 수 있다.' 현급 당서기(縣委書記)의 모범인 자오위루(焦裕祿)는 자신의 생명으로 '위정이덕'이라는 공산당원의 집권 이념을 실천했다.

　1966년 2월 신화통신은 <현급 당서기의 모범-자오위루>라는 제목으로 장편의 기사를 내보냈다. 당시 중학교 1학년생이었던 시진핑(習近平) 주석은 정치 선생님께서 이 글을 읽으시는 것을 들으면서 큰 감동을 받았고 눈물까지 흘리셨다. 1990년 푸저우시(福州市) 당서기였던 시진핑 주석은 애틋한 심정으로 <염노교(念奴嬌)·자오위루를 추억하며> 라는 글을 썼다. 이는 '관리로 임명되면 해당 지역을 위해 복된 일을 해야 한다.'는 그의 염원을 표명한 것이기도 하다. 나라가 도덕

제12과 '爲政以德, 革故鼎新'와 돌하르방

규범이 없으면 흥하지 못하고, 사람이 도덕이 없으면 사회에서 발붙이기 힘들다.

중국공산당 제18차 전국대표대회 이래 시진핑 총서기는 여리한 통찰력과 확고한 결심으로 지도간부들의 정치와 도덕 건설에 세심한 주의를 기울이면서 사회주의 도덕 건설을 깊이 있게 발전시켰으며 사회 발전과 사회 관리의 모든 측면에 사회주의 핵심 가치관의 통합을 촉진했다. 덕행을 분명히 하고, 공공도덕을 수호하며, 개인도덕을 엄격히 지켜야 한다. 이 새로운 시대의 정치와 도덕 관념은 과거의 역사적 한계를 극복하고 중국 공산당 영도들이 참된 정치, 도덕 관념을 확립하는데 올바른 방향을 제시하였다. 정치를 덕으로 한다면, 뭇별들이 북극성 주위에 뭉치고 만물이 태양을 따르는 것과 같다(道之以德, 衆星拱北斗, 萬物向太陽). 이로써 중화민족의 위대한 부흥이라는 중국의 꿈을 실현하기 위해 우리는 가장 지속적이고 가장 강력한 힘을 갖게 되었다.

'종래의 낡은 규칙을 버리고 새로운 발전을 이루다(革, 去故也 ; 鼎, 取新也).' '혁고정신(革故鼎新)'은 <역경(易經)>의 '혁괘(革卦)'와 '정괘(鼎卦)'에서 온 것이다. 원래는 조정의 개혁이나 정권교체를 의미하였는데 지금은 치국이정(治國理政, 국정운영)의 기본 요구를 의미한다. <예기(禮記)>의 '구일신, 일일신, 우일신(苟日新, 日日新, 又日新, 하루하루 진보하고 갱신할 수 있다면 지속적으로 부단히 갱신과 진보를 추구해야 한다.)'에서 <시경(詩經)>의 '주나라는 유구한 역사를 갖고 있지만 그 사명은 혁신에 있다'에 이르기까지, '유신(維新)'과 '정신(鼎新)'은 점차 역대 왕조가 발전할 수 있는 내부 원동력이 되었다. 개혁해야만 새것을 수립할 수 있고 혁신하려면 반드시 먼저 개혁해야 함은 역사의 변증법이다. 예로부터 중국 대지에서는 변법으로 새것을 추구하고 변혁하여 강성을 꾀하려는 수많은 운동이 일어났다. 비록 이들 대부분은 뚜렷한 시대적 낙인을 찍었지만 그 속에 내포된 혁신적 이념은 시대와 더불어 발전하는 혁신사상을 충분히 반영하였으며 중화민족 문화 혈통의 중요한 구성부분으로 되었다.

본질적으로 혁고정신은 구세계를 타파하고 끊임없이 새로운 세계를 건설하는 용기 있는 문화적 유전자를 담고 있다. 이는 마르크스주의가 보수주의를 반대하고 혁명적이고 비판적인 발전관을 견지하는 것과 일치하다. 뿐만 아니라 중국공산당이 주창하는 실사구시 사상노선과 개혁개방 이념과도 내적으로 통하는 것이며 중국

공산당이 영원히 경직되지 않고, 멈추지 않으며, 끊임없이 어려움을 이겨내고, 전 세계가 주목하는 눈부신 성과를 거두는 정신적 지주이다.

중국 특색 사회주의는 신시대(新時代)로 접어들었다. 중국 공산당은 중국 여러 민족 인민들을 이끌고 전면적이고 심화된 개혁을 추진하여 각계각층의 노력과 여러 방면의 돌파구, 그리고 쾌속적이고 안정적인 발전과 심층적 추진의 양호한 국면을 보여주었다. 이로써 사회 발전과 혁신의 활력이 더욱 향상되고 인민의 획득감, 행복감과 안전감이 더욱 향상되었다. 전면적인 개혁 심화는 중대한 성과를 거두었고 혁고정신의 소박한 사상은 수정창신(守正創新, 올바른 것을 고수하면서도 혁신을 꾀하다)과 개혁 심화 이론으로 승화되었으며 중국식 현대화 건설을 추진하는 강력한 원동력이 되었다. 역사의 흐름에 발맞춰 능동적으로 대처하고 변화를 추구해야만 시대와 함께 나아갈 수 있다. 세상의 흐름이 거침없으니, 이를 따르는 자는 번영할 것이고, 거스르는 자는 망할 것이다.

사회주의 현대화 국가를 전면적으로 건설하고 중화민족의 위대한 부흥을 실현하기 위해서는 시종일관 혁고정신과 수정창신의 열정과 패기를 유지해야 하며 전면적으로 개혁개방을 끝까지 심화시켜야 한다. 그래야만 우리는 지속적이고 강력한 원동력을 얻어 더 나은 미래를 열 수 있다.

◆ 말해 보기 ◆

1) 동영상을 듣고 위의 질문에 답해 봅시다.

   ① '위정이덕, 혁고정신'의 속담의 의미를 말해 봅시다.
   ② '위정이덕, 혁고정신'의 속담의 이념에 대해 말해 봅시다.
   ③ '위정이덕, 혁고정신'에 대해 예를 들어 설명해 봅시다.

2) 다음 문장을 중국어로 번역해 봅시다.

   ① '위정이덕'은 인민을 위해 복무하는 집권 이념과 인민 중심의 사상을 견지하며 양호한 당풍과 정부기풍으로 사회기풍을 선도하고 광범한 인민을 이롭게 하는

제12과 '爲政以德, 革故鼎新'와 돌하르방

것이다.
② 본질적으로 혁고정신(革故鼎新)은 구세계를 타파하고 끊임없이 새로운 세계를 건설하는 용기 있는 문화적 유전자를 담고 있다.
③ 사회주의 현대화 국가를 전면적으로 건설하고 중화민족의 위대한 부흥을 실현하기 위해서는 시종일관 혁고정신과 수정창신의 열정과 패기를 유지해야 하며 전면적으로 개혁개방을 끝까지 심화시켜야 한다.

3) 동영상의 중심 내용을 요약해 봅시다.

02 제주의 돌하르방

◆ 생각해 보기 ◆

1) 돌하르방 이름의 유래에 대해 생각해 봅시다.
2) 돌하르방의 역할이 무엇인지를 생각해 봅시다.

◆ 들어 보기 ◆

[동영상]

◆ 단어 보기 ◆

돌하르방	（济州岛），石头老人
묵직하다	沉重
옹중석	瓮仲石
닮다	像，似
민간	民间
탐라	（济州道的旧称）耽罗
우석목	偶石木
석물	石雕（物）
사방	四方
수호신	守护神，保护神

◆ 본문 보기 ◆

"돌하르방 얼굴 보면 어때요?"

"귀여워요."

"돌하르방 일단 코가 커가지고 묵직한 느낌이 듭니다. 그래서 힘이 센 할아버지 같은 느낌!"

"이 아주머니들이 왜 그걸(돌하르방) 왜 코를 만지면 왜 자손이 뭐 자식을 아들 낳는다고 그랬나요? 그런 걸 많이 듣기는 했는데."

"머리랑 몸이 일대일 비율이어서 되게 귀엽게 생긴 것 같아요."

"그냥 아 나 제주도에 세워져 있는 거. 특산품? 특산물?"

제주의 돌하르방, 아이들의 입에서 할아버지 모습을 닮았다하여 붙여진 이름이다. 1971년 제주 민속 자료 이후로 지정되면서 제주도 문화재 위원들이 부르기 쉽고 관광의 활성화를 위해 돌하르방이라 명명하게 되었다고 한다. 문헌에 나오는 원래의 명칭은 옹중석, 제주사에 기록을 담고 있는 탐라기년의 내용을 살펴보면 조선시대의 영조 30년, 제주도를 관장하는 김몽규 목사가 옹중석을 성 앞에 세웠다는 기록이 전해져

제12과 '爲政以德, 革故鼎新'와 돌하르방

오고 있다.

실제 민간에서 불렸던 이름은 우석목, 무석목, 벅수머리, 두릉머리 등으로 불렸다고 하는데, 제주 사람들이 가장 많이 사는 지역 세 곳의 마을에 총 48기가 동서남문, 성문 앞 입구에 세워져 성문을 지켰던 석물이었다. 마을의 성문을 드나드는 제주 사람들을 늘 지켜봐 주었고, 언제 어디서나 가까이에서 볼 수 있었던 제주인의 삶을 지키는 수호신이었다.

제주의 전통 의미보다는 문화적 아이콘 돌하르방, 과거 대중은 농경 생활을 위했던 방랑지이자 유배지였다.

사방이 바다로 막힌 제주도 땅은 제주도민의 불안한 심리를 받고자 만들어진 희망의 석상, 돌하르방은 제주도민의 희망이었고 앞으로도 희망을 가져다 줄 아름다운 제주도의 수호신이다.

◆ 말해 보기 ◆

1) **동영상을 듣고 위의 질문에 답해 봅시다.**
   ① 돌하르방 이름의 유래에 대해 말해 봅시다.
   ② 돌하르방의 역할이 무엇인지를 말해 봅시다.

2) **다음 문장을 중국어로 번역해 봅시다.**
   ① 제주의 돌하르방, 아이들의 입에서 할아버지 모습을 닮았다하여 붙여진 이름이다.
   ② 마을의 성문을 드나드는 제주 사람들을 늘 지켜봐 주었고, 언제 어디서나 가까이에서 볼 수 있었던 제주인의 삶을 지키는 수호신이었다.
   ③ 제주 사람들이 가장 많이 사는 지역 세 곳의 마을에 총 48기가 동서남문, 성문 앞 입구에 세워져 성문을 지켰던 석물이었다.

3) **동영상의 중심 내용을 요약해 봅시다.**

제13과 '任人唯賢, 天人合一'와 정자나무

◆ 학습 목표 ◆

1) '임인유현, 천인합일'의 속담의 의미를 이해한다.
2) 한국의 '정자나무' 그 이야기 속에 담긴 의미를 이해한다.
3) '임인유현, 천인합일' 속담과 관련하여 한국어로 이야기할 수 있어야 한다.

01 임인유현, 천인합일

◆ 생각해 보기 ◆

1) '임인유현, 천인합일'의 속담의 의미를 생각해 봅시다.
2) '임인유현, 천인합일'의 속담의 이념에 대해 생각해 봅시다.
3) '임인유현, 천인합일' 속담에 대해 예를 들어 설명해 봅시다.

제13과 '任人唯賢，天人合一'와 정자나무

◆ 들어 보기 ◆

[동영상]

◆ 단어 보기 ◆

《尚书》	〈상서〉
任人唯贤	임인유현(인격과 능력을 갖춘 사람만 임용함)
国泰民安	국태민안(나라가 태평하고 국민들의 생활이 안정됨)
天下大治	천하대치(국가가 잘 다스려져서 번영함)
禅让贤人	선양현인(덕성이 높은 사람을 선양함)
礼贤下士	예현하사(임금이나 대신이 어진 이를 예의와 겸손으로 대함)
举贤才 거	현재(현명하고 유능한 인재를 임용함)
尚贤使能	상현사능(어진 사람을 존중하고 재능 있는 사람을 임용함)
用贤任能	용현임능(현명하고 재능 있는 사람을 임용함)
社会公仆	사회공복
近君子远小人	군자를 가까이 하고 소인을 멀리 한다
五湖四海	전국각지, 방방곡곡
新时代新征程	신시대, 신정정(새로운 시대, 새로운 여정)
天人合一	천인합일(하늘과 사람이 하나임을 가리킴)
和谐共生	화합공생(조화롭게 공존해야 함)
《正蒙·诚明》	〈정몽·성명〉
人不负青山，青山定不负人	인간이 자연을 친절하게 대하면, 자연은 반드시 인간에게 긍정적인 보상을 준다.
举世瞩目	온 세상 사람들이 주목하다
靓丽	예쁘다, 아름답다

◆ **본문 보기** ◆

01 임인유현, 천인합일

　국가가 관원(官員)을 임용하는 기준은 무엇인가? 중국 최초의 상고 문헌집인 <상서(尚書)>에 그 답이 있는데, '관원은 현명하고 능력 있는 사람이어야 하고, 군주의 양팔, 즉 보좌대신도 덕과 재능을 겸비한 사람이어야 한다(任官惟賢材, 左右惟其人)'고 했다. '임인유현(任人唯賢)'이라는 고사성어가 여기서 유래된 것이다. '임인유현'은 중국 고대 정치사상의 정수이며, 옛사람들의 인재관(人才觀)을 반영하고 있다. 수천 년 동안 지속된 중국의 대일통(大一統) 발전에서 중요한 역할을 했고, 현능치국(賢能治國, 현명해야 나라를 다스릴 수 있다)을 견지하는 훌륭한 정치적 전통으로 오늘날까지 남아 있으며, 이는 오직 현명하고 능력 있는 자가 정권을 잡고 역대 왕조에 충성해야만 나라의 태평과 국민의 안정을 실현할 수 있음을 말한다.

　'임인유현'은 봉건 사회의 역사적 경험이다. 요순우(堯舜禹) 시대의 '선양현인(禪讓賢人)'부터 주문왕(周文王)의 '예현하사(禮賢下士)'에 이르기까지, 춘추 말기 공자(孔子)의 '거현재(擧賢才)'로부터 전국 말기 순자(荀子)의 '상현사능(尚賢使能)'에 이르기까지 모두 중국 고대의 순박하고 고귀한 전통인 '용현임능(用賢任能)'에 대한 기록이 있고 '임인유현'의 인재관은 사람의 도덕이 먼저이고 덕과 재능을 겸비한 기준을 돋보이게 한다. 이는 마르크스주의의 '사회공복(社會公僕)' 이론과 비슷할 뿐만 아니라 중국 공산당의 조직노선 및 영도노선과 내재적 일관성을 가지며 시공간을 초월한 참고 가치와 의의를 가지고 있다.

　시진핑 동지는 예로부터 '임인유현' 정책을 견지해 왔으며, 일찍이 허베이(河北)성 정딩(正定)현에 계실 때부터 덕과 재능을 겸비한 인재를 적극적으로 발굴하여 임명하였다. 그는 현명한 안목으로 작가 자다산(賈大山)을 현 문화국 국장으로 임명하였다. 그 뒤로 정딩현의 문화 사업은 나날이 발전하는 국면을 맞이하였다. 저장성에서 일하는 동안 그는 '지강신어(之江新语)'에 '여러 사람의 눈으로 현명하고 재능 있는 인재를 선발함'이란 문장을 발표하여 인재를 선발하고 고용하는 절차에 대해 자세히 논의하면서 '군자를 가까이 하고 소인을 멀리할 것'과 '올바른 인재 고용 지침'을 분명히 제시하였다. 중국공산당 제18차 전국대표대회 이래 시진핑 총서기는 '임인유현'의 인재관을 중시하면서 나라를 다스리는 데 가장 중요한 것은 인재를 잘 뽑는 것이라고 거듭 강조하였다. 이는 고대의 사람들이 말하는 '현명하고 재능 있는 사람을 쓰는 것은 나라를 다스리는 근본'이라고 한 내용과 일치하다.

'덕과 재능을 겸비하되 덕을 우선시하며 전국 각지의 현명하고 유능한 사람을 임명하고 올바른 인재를 선발하기 위한 지침을 수립하자.'

중국공산당 제20차 전국대표대회는 당헌 개정안에 신시대(新時代) 당의 조직노선내용을 추가하였다. 이는 공산당의 조직건설을 강화하고 인재강국전략을 실시하며 주력하여 애국봉헌 정신을 가진 각 방면의 우수한 인재를 모으는 데 과학적 기준을 제공하였다. 신시대, 신여정(新征程)에서 덕과 재능을 겸비하고 덕을 우선시하며 전국 각지에서 현명하고 재능있는 인재를 뽑아야 한다. 당과 인민의 사업을 위해 여러 면에서 모두 우수한 인재를 모으면 중화민족의 위대한 부흥을 실현하기 위한 견고한 인재 지원을 반드시 마련할 수 있다.

인간과 천지만물은 본래부터 하나이고 구별되어서는 안된다. '천인합일(天人合一)'은 중국 고대 철학의 핵심 사상 중 하나이다. 여기서 하늘은 물리적인 천체가 아니라 사람이 살아가는 자연환경을 뜻한다. 천인합일의 본연의 의미는 사람은 자연의 일부라는 뜻이다. 천지와 인간이 공존하고 만물과 인간이 하나가 되는 경지는 인간과 자연의 조화로운 공생을 강조하는 우주관일 뿐만 아니라 물질적 삶과 정신적 삶의 균형을 추구하는 인생관을 뜻하기도 한다. 인명치성(因明致誠, 배움을 통해 천리를 깨닫고), 인성치명(因誠致明, 천리를 통해 배움에 이른다), 고로 천인합일(天人合一)이다. 학문은 닦아야 거룩해질 수 있고, 하늘을 얻어야 오래 간직할 수 있다.

북송의 철학자 장재(張載)는 <정몽·성명>(《正蒙·誠明》)에서 천인합일을 완전한 철학적 명제로 논의하였다. 그는 배움을 통해 세상사를 통찰하고 천도의 성에 통달함으로써 범속을 초월하고 자연과 조화롭게 공존해야 한다고 강조했다. 천인합일의 이념은 인간이 자연을 존중하고 자연에 순응하며 자연을 보호하여 자연과 조화롭게 살고 공생할 것을 요구한다. 이 사상은 마르크스주의의 자연관 및 생태관과 내재적으로 일치하다. 중국공산당 제18차 전국대표대회 이래 시진핑 총서기는 중화민족의 지속가능한 발전의 고도에 서서 생태문명 건설을 중국특색 사회주의 사업의 '5위일체(五位一體, 경제건설, 정치건설, 문화건설,사회건설, 생태문명건설)'의 총체적 구도에 포함시키고 생태문명의 이론과 실천과 제도 혁신을 적극 추진하여 체계적이고 시진핑을 주도로 하는 과학적인 생태문명 사상을 형성 하였다.

　인간이 자연을 친절하게 대하면, 자연은 반드시 인간에게 긍정적인 보상을 준다. 생태문명은 인류문명발전의 역사적 추세이다. 우리 다 함께 생태문명의 이념을 고수하고 미래 세대를 책임지는 눈높이에서 지구생명공동체를 건설하고 깨끗하고 아름다운 세상을 건설하도록 노력하자.

　'천인합일'이라는 전통적인 사상과 지혜는 새로운 시대에 새로운 활력을 불어 넣었다. 지난 10년을 돌이켜 보면 중국은 전 세계가 괄목할만한 생태적 기적과 녹색 발전의 기적을 이루었다. 도시의 대기질이 가장 빠르게 개선되었으며 큰 강과 호수의 수질이 선진국 수준에 가까워 졌다. 아름다운 중국 건설은 중대한 발걸음 을 내디뎠다. 녹색 발전과 생태 문명의 개념은 나날이 사람들의 마음에 깊이 파고 들었다. 인민대중은 자연이 주는 아름다움과 선물을 충분히 즐기고 있으며 중국 대지는 사람들에게 아름답고 찬란한 새로운 광경을 보여주고 있다.

◆ 말해 보기 ◆

1) **동영상을 듣고 위의 질문에 답해 봅시다.**

　① '임인유현, 천인합일'의 속담의 의미를 말해 봅시다.

　② '임인유현, 천인합일'의 속담의 이념에 대해 말해 봅시다.

　③ '임인유현, 천인합일' 속담에 대해 예를 들어 설명해 봅시다.

2) **다음 문장을 중국어로 번역해 봅시다.**

　① '임인유현(任人唯賢)'은 중국 고대 정치사상의 정수이며, 옛사람들의 인재관(人

才觀)을 반영하고 있다.

② 신시대(新時代), 신여정(新征程)에서 덕과 재능을 겸비하고 덕을 우선시하며 전국 각지에서 현명하고 재능있는 인재를 뽑아야 한다.

③ 천인합일의 이념은 인간이 자연을 존중하고 자연에 순응하며 자연을 보호하여 자연과 조화롭게 살고 공생할 것을 요구한다.

3) 동영상의 중심 내용을 요약해 봅시다.

◆ 생각해 보기 ◆

1) 정자나무는 어떤 공간인지 생각해 봅시다.
2) 정자나무 속에 담긴 의미를 생각해 봅시다.
3) 정자나무의 가치를 생각해 봅시다.

◆ 들어 보기 ◆

[동영상]

◆ 단어 보기 ◆

어울리다	融洽，混熟，合得来
삭막하다	索寞，荒凉，荒，凄凉
고목	古木，古树，老树
머무르다	停住，站住
수렴	集中，收拢
얽히다	纠缠
팽나무	朴树
힌트	(hint) 暗示，提示，示意
정비되다	整修，维护，养护
어우러지다	协调，和谐

◆ 본문 보기 ◆

　　바쁘게 살아가는 도시의 사람들, 많은 사람들이 모여서 각자의 일을 하며 살고 있지만 정작 사람들은 서로가 함께 살아가고 있다는 사실을 잊은 지 오래입니다.

　　혹시 옆집에 누가 살고 있는지 알고 계신가요? 혹시 마을 주민들과 서로 인사하며 지내시나요? 혹시 마을 주민들과 모여서 어울린 적이 있으신가요?

　　사람은 넘쳐나도 삭막하기만 한 현대의 도시, 서로가 함께 모여서 이야기를 나눌 만한 공간과 여유가 없는 것이 현실이기는 합니다. 사실 우리나라에는 예로부터 마을 사람들이 정을 나누던 공간이 있었습니다. 마을 초입에 위치하고 있으며 사람들이 모여 마을 일을 의논하거나 쉬기도 했던 오래된 고목, 우리 조상들은 편안한 그늘을 제공해 주었던 큰 나무를 정자나무라 부르며 사랑방처럼 함께 머물렀습니다.

　　정자나무는 한결같은 포근함으로 어른들에게는 휴식을, 아이들에게는 놀이공간을 제공하였습니다. 정자나무의 넉넉한 규모와 수렴처럼 정자나무와 사람들의 얽힌 이야기는 많이 있습니다.

　　"그전에는 집이 초가삼간이잖아요. 초가집 턱 늘어진 초가집인데 더워서 못살아.

제13과 '任人唯賢, 天人合一'와 정자나무

그러니까 그냥 점심 먹으면 다 나온 거예요. 다 오후 한 세 시 정도 되어 좀 서늘해지면 그때 일터로 나갔는데 꽉 차버려요. 여기가. 이렇게 올라가서 저렇게 늘어진 가지에다가 훈주(줄타기)도 타고 여기 나뭇가지에다가 그네도 매어놓고 그네도 타고 그랬어요. 어르신들이 나뭇가지 찢어진다고 못하게 했지."

현대의 도시들이 늘어나고 사람들이 각자 바빠지면서 정자나무는 점차 사람들의 기억에서 잊혀 갔습니다. 하지만 여전히 많은 도심 고목들이 보수가 아니라는 이유로 사라지고 있습니다. 200호가 살았던 마을은 이제 모두 떠났고 수백 년 된 팽나무 한 그루만 남아 고향 땅을 지키고 있습니다. 하지만 성토 작업으로 언제 어떻게 될지 모릅니다.

하지만 다시금 늘 정이 넘쳤던 정자나무의 모습을 기억하고 따뜻하면 푸근했던 그 손기능을 살리고자 노력하는 사람들이 있습니다. 아름지기재단과 서울디자인재단이 공동으로 기획하는 마을 정자 나무 프로젝트입니다.

"그동안 이제 먹고사는 문제 급속히 산업화되고 경제적인 부분을 쫓다가 결국은 다시 어떻게 하면 사람답게 살 수 있고 더 행복하게 살 수 있는가를 전통에서 어떤 힌트를 얻는 것이라고 생각을 합니다. 정자나무만 하더라도 그냥 단순히 오래된 나무일 뿐이지만 사람들이 거기에 의미를 부여하고 또 그 아래서 같이 모여서 정말 사람 살만한 그런 동네를 만들어 나가는 과정이었다고 생각이 되거든요. 그래서 요즘 만들어지는 그 어떤 최신식의 건물이나 현대적인 공간보다도 사람들에게 더 큰 위안을 줄 수 있는 곳이 된다고 생각을 합니다. 그래서 정자나무 하나하나를 고쳐가는 것이 뭐 그냥 단지 자연보호 운동이 아니고 더 아름다운 삶을 만드는 시작이라고 생각하고……"

"이런 공간이 생기니까는요. 동네도 아름답고 공기도 좋은데 환경이 깨끗해지니까는 살기 좋고 보기 좋죠."

"주변에 자주 왔는데요. 정비된 후에 풍경도 괜찮아진 것 같고요. 또 포근한 기분이 들어서 좋은 것 같습니다."

정자나무는 단순히 마을에 큰 나무가 아니라 사람, 자연, 문화가 어우러지던 마을의 상징적인 소통 공간이었습니다. 사람 사이의 단절된 소통이 이루어지고 있는 요즘 정자나무가 가지는 정의 가치는 우리가 다시 연결되어 살아갈 수 있다는 가능성을 제시합니다.

"안락하고 시원하고 굉장히 정서적으로 좋네요."

"도심 속에 있는 느낌이 안 들고 편안하고 어느 시골에 와 있는 그런 느낌이 드는 드네요."

마을 공동의 문화공간 정자나무, 앞으로도 소중히 지켜야 할 우리의 문화입니다.

◆ 말해 보기 ◆

1) 동영상을 듣고 위의 질문에 답해 봅시다.
   ① 정자나무는 어떤 공간인지 말해 봅시다.
   ② 정자나무 속에 담긴 의미를 말해 봅시다.
   ③ 정자나무의 가치를 말해 봅시다.

2) 다음 문장을 중국어로 번역해 봅시다.
   ① 마을 초입에 위치하고 있으며 사람들이 모여 마을 일을 의논하거나 쉬기도 했던 오래된 고목, 우리 조상들은 편안한 그늘을 제공해 주었던 큰 나무를 정자나무라 부르며 사랑방처럼 함께 머물렀습니다.
   ② 정자나무의 넉넉한 규모와 수렴처럼 정자나무와 사람들의 얽힌 이야기는 많이 있습니다.
   ③ 정자나무는 단순히 마을에 큰 나무가 아니라 사람, 자연, 문화가 어우러지던 마을의 상징적인 소통 공간이었습니다.

3) 동영상의 중심 내용을 요약해 봅시다.

제14과 '自強不息, 厚德載物'과 신사임당

◆ 학습 목표 ◆

1) '자강불식, 후덕재물'의 속담의 의미를 이해한다.
2) 신사임당과 그 지혜를 이해한다.
3) '자강불식, 후덕재물' 속담과 관련하여 한국어로 이야기할 수 있어야 한다.

◆ 생각해 보기 ◆

1) '자강불식, 후덕재물'의 속담의 의미를 생각해 봅시다.
2) '자강불식, 후덕재물'의 속담의 이념에 대해 생각해 봅시다.
3) '자강불식, 후덕재물'에 대해 예를 들어 설명해 봅시다.

◆ 들어 보기 ◆

[동영상]

◆ 단어 보기 ◆

自强不息	스스로 끊임없이 노력하다
传统文化	전통문화
昼夜交替	낮과 밤이 바뀌다
强健	강건하다
毫不懈怠	게을리하지 않다
永不止息	영원히 멈추지 않다
锐意进取	용감하게 앞으로 나아가다
砥砺	연마하다, 단련하다, 고무격려하다
熠熠生辉	빛을 바래다
支撑	지탱하다
百折不挠	백절불굴, 수없이 꺾여도 결코 굽히지 않다
玉汝于成	원석이 다이아몬드가 되다
愈战愈强	싸울수록 강해지다
乘风破浪	앞으로 용감하게 나아가다
锐意进取	단호하게 밀고 나가다, 꿋꿋이 나아가다
踔厉奋发	용감하게 전진하다
做则必成	하면 반드시 된다
厚德载物	후덕재물(덕을 쌓아 만물을 포용하다)
广袤无垠	끝없이 무한하다
顺应天道	천도에 순응하다
海纳百川	해납백천(마음이 넓다)
仁厚	인후하다, 너그럽다

제14과 '自強不息，厚德載物'과 신사임당

薪火相传	(후대에 학문이나 기예가) 대물림되다, 대대로 이어지다
初心	초심
使命	사명
福兴	부흥을 도모하다

◆ **본문 보기** ◆

01 자강불식，후덕재물

　천행건(天行健, 하늘의 운행은 굳건하니), 군자이자강불식(君子以自強不息, 군자는 스스로 끊임없이 노력하라)이니라. 자강불식은 중국의 우수한 전통문화의 핵심 이념 중 하나이다. 최초로 <주역>(《周易》)에서 유래한 것으로 선조들은 낮과 밤이 바뀌고 추위와 더위가 교체되는 자연의 섭리는 하늘이 멈출 줄 모르는 강건함이 있음으로 간주하였다. 사람들은 하늘의 강건함에 순응하고 자신의 몸과 마음을 지속적으로 풍요롭게 하고 강화하며 노력을 게을리하지 않았다. 그렇게 해야만 군자의 경지에 이르고 바람직한 도덕적 인격을 가질 수 있다고 믿었다.

　수천 년 동안 자강불식의 정신은 중국인들의 정신 세계에 깊이 뿌리 박았으며 중국인들로 하여금 용감하게 앞으로 나아가도록 하는 원동력이 되었다. 천년의 세월을 거쳐 자강불식의 정신은 현재 중국에서 더욱 빛을 발하고 있다. 그것은 공산주의의 원대한 이상을 확립하고 인간의 주관 능동성을 충분히 발휘하는 등 마르크스주의의 많은 논의와 내부적으로 일치하며 중국 공산당원들이 전진하는 길에 온갖 어려움과 위험을 이겨내는 원동력이 되었다.

　천행건, 군자이자강불식이니라, 한 민족이 위대한 이유는 근본적으로 어떤 어려움과 위험 앞에서든 포기하지 않고 물러서지 않으며 멈추지 않고 자신의 미래와 운명을 위해 백절불굴 투쟁하는 것이다.

　고난을 통해 원석이 다이아몬드가 된다. 중국공산당은 탄생 때부터 끊임없이 분투하는 정신과 싸울수록 강해지는 생명력을 보여 왔다. 중국공산당 제18차 전국대표대회 이래 시진핑 동지를 핵심으로 하는 당중앙의 강력한 영도 아래 14억여 명의 인민들은 단결, 분투하여 중화민족의 위대한 부흥호가 파도를 헤치고 앞으로 나아가도록 추진하였다.

지난 10년 동안 중국 경제는 연평균 6% 이상 성장했으며 경제총량은 세계 제2위이다. 우리는 역사적 절대빈곤 문제를 해결하였고, 예정대로 샤오캉사회(小康社會)를 전면적으로 건설하였으며 <유엔의 2030년 지속가능발전 어젠다>의 빈곤감소 목표를 10년 앞당겨 달성하여 국제사회의 광범위한 찬사를 얻었으며 인류 빈곤 감소의 역사에서 위대한 기적을 창조했다. 이는 자강불식하고 예의진취(銳意進取)하며 분발하여 용감하게 전진하고, 승리할 용기를 갖는 신시대 중화민족의 강한 의지와 정신적 풍모를 집중적으로 보여주었으며 중국식 현대화의 새로운 여정과 새로운 목표의 강력한 원동력이 되었다. 길은 멀지만 곧 도착한다는 말이 있다. 일은 어렵지만, 하면 반드시 된다.

주역에서 곤괘(坤卦)는 대지를 상징한다. '지세곤(地勢坤, 땅이 두터움처럼), 군자이후덕재물(君子以厚德載物, 군자는 덕을 쌓아 만물을 포용하라)'의 뜻은 넓디넓은 대지가 기복이 완만하고 천도에 순응하며 조용하고 유순한 미덕을 담고 있다. 군자는 대지를 따라 배워 만물을 잉태, 포용, 적재하는 미덕을 쌓아 자신의 도덕을 수양해야 한다는 뜻이다. 후덕재물은 중국 전통 미덕의 진수이며 중국 인민이 장기간 생산과 생활에서 지속적으로 축적한 우주관, 천하관, 사회관과 도덕관을 반영한다. 본질적으로 후덕재물은 관대하고 품격이 높은 군자의 기준, 해납백천(海納百川, 마음이 넓음), 화이부동(和而不同, 화합하되 다름을 인정)의 개방적인 정신과 관대하고 너그러운 용서를 구하는 태도를 담고 있으며 이는 중화민족의 넓고 인후하며 양립할 수 있는 아름다운 도덕적 이상을 구현한다. 마르크스주의의 인문학적 이상과 도덕적 목표, 그리고 중화민족의 후덕한 도덕적 이념은 정신적 합의와 논리적으로 일치한다.

시진핑 총서기께서는 '자강불식, 후덕재물' 사상을 높이 평가하셨다. 중국공산당 제18차 전국대표대회 이래 그는 연설에서 자강불식, 후덕재물에 대해 여러 차례 언급했으며, 뚜렷한 시대적 함축과 참신한 사상적 경지를 부여했다. 사명감은 책임감을, 롤모델은 시대를 이끈다. 중화의 대지에는 롤모델이 속속

제14과 '自強不息，厚德載物'과 신사임당

등장하고 선진 모델이 끊이지 않고 있다. 이는 '자강불식, 후덕재물'의 정신적 풍모를 충분히 보여주는 셈이다.

명대덕(明大德, 대덕을 명확히 하다), 수공덕(守公德, 공공도덕을 수호하다), 엄사덕(嚴私德, 개인 도덕을 엄격히 하다) 정신을 추진하여 인민들의 도덕 수준과 문명화된 소양을 향상시켜야 한다. 시진핑(習近平) 총서기의 말씀처럼 자강불식, 후덕재물(厚德在物)의 사상은 중화민족이 대대로 이어져 내려올 수 있도록 뒷받침해 주고 있으며, 오늘날에도 개혁개방과 사회주의 현대화를 추진하는 중국 인민들의 강력한 정신적 동력이 되고 있다.

중국공산당은 중국 인민의 행복을 도모하는 당이자 인류 진보 사업을 위해 분투하는 당으로, 그 초심과 사명은 중국 인민의 행복과 중화민족의 부흥을 도모할 뿐만 아니라 세계를 위한 대동(大同)을 도모하는 것이다. 100년에 없던 큰 변화에 직면하여 시진핑 총서기는 중국 공산당 제20차 전국대표대회 보고에서 교류와 상호 인식을 견지하고 개방적이고 포용적인 세계 건설을 추진하며 후덕재물의 사상을 숭상하는 중화민족은 평화를 사랑하는 모든 민족과 함께 화려하고 다채로운 인류 문명의 지도를 함께 그려 나갈 의향이 있다고 제안했다.

◆ 말해 보기 ◆

1) 동영상을 듣고 위의 질문에 답해 봅시다.
    ① '자강불식, 후덕재물'의 속담의 의미를 말해 봅시다.
    ② '자강불식, 후덕재물'의 속담의 이념에 대해 말해 봅시다.
    ③ '자강불식, 후덕재물'에 대해 예를 들어 설명해 봅시다.

2) 다음 문장을 중국어로 번역해 봅시다.
    ① 수천 년 동안 자강불식의 정신은 중국인들의 정신 세계에 깊이 뿌리 박았으며 중국인들로 하여금 용감하게 앞으로 나아가도록 하는 원동력이 되었다.
    ② 후덕재물은 중국 전통 미덕의 진수이며 중국 인민이 장기간 생산과 생활에서 지속적으로 축적한 우주관, 천하관, 사회관과 도덕관을 반영한다.

③ 길은 멀지만 곧 도착한다는 말이 있다. 일은 어렵지만, 하면 반드시 된다.

3) 동영상의 중심 내용을 요약해 봅시다.

◆ 생각해 보기 ◆

1) 신사임당이 어떤 위인인지 생각해 봅시다.
2) 신사임당을 지폐 속 인물로 정한 이유를 생각해 봅시다.
3) 신사임당은 조선 사회에 어떤 역할을 했는지 생각해 봅시다.

◆ 들어 보기 ◆

[동영상]

◆ 단어 보기 ◆

발행되다	发行，刊行
우여곡절	曲折，迂回曲折，坎坷
쉬이	容易地，轻易地
이러쿵저러쿵	说这说那

제14과 '自強不息, 厚德載物'과 신사임당

모조리	全部，全都，一并，统统
정합하다	整合
별다르다	特别，特殊
시끄럽다	嘈杂，喧哗，吵闹
진취적	进取的
웅성거리다	人声嘈杂，闹哄哄
거들다	帮忙，帮助，协助
말끔히	彻底地，干净地
손사래를 치다	摆手，摇手
무명	棉布，土布，粗布
웬일	什么事，怎么回事
태연하다	泰然，镇定
웃돈	加钱，额外加的钱
마구	大肆，胡乱，任意
가벼이	轻易，容易，简单

◆ 본문 보기 ◆

지난 2009년 우리나라 화폐 역사에 큰 변화가 생겼어요. 사상 최고 금액인 5만원짜리 지폐가 발행되었지요. 그 화폐가 세상에 나오기까지 이런저런 우여곡절이 적지 않았어요. 무엇보다 지폐 속 인물을 누구로 할 것인가 쉬이 결정을 내리지 못했지요. 이러쿵저러쿵 말들이 많았어요.

"우리나라 화폐 인물은 모조리 남성들뿐입니다. 이번에는 꼭 여성 위인으로 정합시다."

그래도 거기까지는 별다른 어려움이 없었어요. 여성 위인 중에 누구를 선택하느냐로 다시 시끄러워졌지요.

"선덕여왕이 좋습니다. 우리 역사상 최초의 여왕이니까요."

"무슨 소리예요. 조국의 광복을 위해 만세 운동을 벌이다 숨진 유관순 열사를 기념해야 합니다."

그렇게 몇 날 며칠 토론과 설문 조사를 한 끝에 5만 원짜리 지폐 속 인물로 결정된 위인은 신사임당이였어요.

"신사임당은 뛰어난 문화 예술인이며 시대의 한계를 극복한 진취적 여성이라는 상징성이 있습니다."

화폐 발행을 담당한 한국은행은 이렇게 선정 이유를 밝혔어요. 대부분의 국민들도 그 말에 공감했지요. 그럼 신사임당은 과연 어떤 위인이었을까요? 만약 그녀를 율곡 이이의 어머니로만 알고 있다면 옳지 않아요. 그녀는 조선시대 최고의 화가들 중 한 사람이니까요. 화가 신사임당에 관한 일화를 한번 살펴볼까요?

어느날 신사임당이 잔치집에 초대를 받았어요. 오랜만에 여러 부인들과 어울려 이야기를 나누고 있는데 갑자기 부엌에서 한 여인의 비명 소리가 들려왔어요.

"아휴, 이 노릇을 어쩨?"

곧이어 사람들이 몰려들어 웅성거리기 시작했지요. 사정을 알고 보니 가난한 양반집 아낙네가 부엌일을 거들다가 비단 치마에 음식을 쏟은 것이였어요. 그 아낙네는 몹시 당황한 얼굴로 울먹거렸지요.

"이 치마는 진사 댁 부인께 빌려입은 것인데 어떡하면 좋아."

그때 한 부인이 그녀에게 말했어요.

"걱정 말아요. 푹 삶으면 얼룩들이 말끔히 지워질테니까."

그러자 또다른 부인이 손사래를 쳤어요.

"안 돼요 안 돼. 무명 옷이면 몰라도 비단 치마를 삶으면 영 못 쓰게 되어 버린답니다."

그 말을 들은 가난한 아낙네의 낯빛이 완전히 흑빛으로 변했어요. 다리도 후들거렸지요. 그녀의 형편에 비단 치마를 새로 사는 것은 꿈도 꿀 수 없었어요. 바로 그 순간 잠자코 지켜보던 신사임당이 나섰어요.

"이봐요, 이따가 그 치마를 갖고 우리 집에 오구려. 내가 손을 좀 봐 드리다."

"아니 어떻게……"

가난한 아내는 걱정반 기대반으로 가슴이 콩닥거렸어요. 곁에 있던 다른 사람들은 고개를 갸웃거렸지요.

"저 부인이 재주가 많다는 이야기는 들었지만 대체 어쩌려고?"

그러거나 말거나 신사임당은 잔잔히 미소를 지을 따름이었어요. 그날 저녁 가난한 아낙네는 얼룩진 비단 치마를 벗어들고 허둥지둥 신사임당을 찾아왔어요.

제14과 '自強不息, 厚德載物'과 신사임당

"어서 오세요. 치마는 가져왔지요?"

신사임당은 반갑게 그녀를 맞으며 치마를 받아들였어요. 웬일인지 방안에는 그림을 그리는 도구들이 준비되어 있었지요. 신사임당은 치마를 널찍하게 펼치더니 붓을 들고 그 위에 쓱쓱 그림을 그리기 시작했어요. 가난한 아낙네는 화들짝 놀라 두 눈이 등잔만큼 커졌지요.

"도대체 어쩌려고 이러세요?"

그러자 신사임당은 태연한 목소리로 그녀를 달랬어요.

"걱정말고 잠깐만 기다려 봐요. 내가 이 치마에 예쁜 그림을 그려 줄게요."

그러면서 신사임당은 붓으로 먹물을 듬뿍 찍어 가며 계속 그림을 그려 나갔어요. 싱싱한 포도 넝쿨이었지요. 그 넝쿨에는 탐스러운 포도송이가 주렁주렁 달렸어요. 치마에 묻어 있던 얼룩들은 모두 포도 송이에 감춰졌지요. 신사임당이 그림을 그리는 모습을 보며 가난한 아낙네는 자기도 모르게 입이 떡 벌어졌지요.

"세상에 이렇게 아름다운 그림이 또 있을까!"

잠시 뒤 그림을 다 그린 신사임당이 치마를 건네며 말했어요.

"어때요? 감쪽 같지요? 내일 이 치마를 장에 가져가 팔도록 해요. 그 돈으로 다른 비단 치마를 살 수 있을 거예요."

그제야 가난한 아낙네는 10년 묵은 체증이 내려가 듯 걱정이 싹 가셨어요. 그녀는 고마운 마음에 큰절까지 했지요. 이튿날 가난한 아낙네는 신사임당이 시킨대로 시장에 갔어요. 그녀가 포목점으로 들어가 치마를 펼치자 시큰둥하게 맞아주던 주인의 표정이 싹달라졌어요.

"누가 치마에 이렇게 멋진 그림을 그렸나요? 값을 넉넉히 쳐 드릴테니 제게 파십시오."

포목점 주인은 원래 치마 값에 약간 웃돈을 붙여 산 뒤 부잣집 부인에게 아주 비싸게 팔 속셈이었어요. 그때 막 가게 안으로 들어오던 귀부인이 치마를 보고 말했죠.

"이건 치마가 아니라 작품이구려. 비단 치마 10벌 값을 낼테니 내게 팔면 안 되겠수?"

결국 가난한 아낙네는 예상보다 훨씬 큰 돈을 손에 쥐게 되었어요. 포목점 주인은 입맛만 쩝쩝 다셨지요. 그녀는 진사댁 부인에게 돌려줄 비단 치마를 한 벌 산 다음 다시 신사임당을 찾아와 남은 돈을 내밀었어요. 그런데 신사임당은 그 돈을 받지 않았죠.

· 135 ·

"이 돈은 내 것이 아닙니다. 가져가서 살림에 보태도록 해요."

그 말에 감격한 가난한 아낙네의 두볼에 눈물이 흘러내렸어요. 신사임당의 그림 실력에 관한 일화는 그뿐만이 아니에요.

한번은 신사임당이 마당을 거닐다 작은 풀벌레들을 보았지요.

"요 귀여운 생명들이 꼬물거리는 것 좀 봐."

신사임당은 여느때처럼 붓을 들어 그것을 그림으로 그렸어요. 어느새 풀벌레들은 모두 어디론가 사라졌지만 마치 살아 움직이는 듯한 그림속 풀벌레들이 작품으로 남았지요. 신사임당은 그 그림을 햇볕 좋은 마당에 내다 말렸어요. 그런데 그때 놀라운 일이 일어났지요. 아, 글쎄 마당에서 놀고 있던 닭들이 우르르 달려와 꼬꼬대 꼬꼬 그림을 마구 쪼아대는 게 아니겠어요? 닭들이 그림 속 풀벌레들을 진짜로 착각한 것이었지요.

"신씨의 그림은 부녀자의 것이라며 가벼이 여길 것이 아니다. 또 그림이 부녀자에게 어울리지 않는다는 말도 할 수 없다."

이것은 어숙권(魚叔權)이라는 학자가 신사임당을 칭찬하며 한 말이에요. 남녀의 역할을 엄격히 구분했던 조선 사회에서 신사임당은 여성의 재능을 소중히 여기도록 한 선구자였지요.

◆ 말해 보기 ◆

1) 동영상을 듣고 위의 질문에 답해 봅시다.

① 신사임당이 어떤 위인인지 말해 봅시다.
② 신사임당을 지폐 속 인물로 정한 이유를 말해 봅시다.
③ 신사임당은 조선 사회에 어떤 역할을 했는지 말해 봅시다.

2) 다음 문장을 중국어로 번역해 봅시다.

① 신사임당은 뛰어난 문화 예술인이 시대의 한계를 극복한 진취적 여성이라는 상징성이 있습니다.
② 포목점 주인은 원래 치마 값에 약간 웃돈을 붙여 산 뒤 부잣집 부인에게 아주 비싸게 팔 속셈이었어요.

③ 남녀의 역할을 엄격히 구분했던 조선 사회에서 신사임당은 여성의 재능을 소중히 여기도록 한 선구자였습니다.

3) 동영상의 중심 내용을 요약해 봅시다.

제15과 '講信修睦, 親仁善隣'과 다듬이질

◆ 학습 목표 ◆

1) '강신수목, 친인선린'의 속담의 의미를 이해한다.
2) 한국의 다듬이질 문화를 이해한다.
3) '강신수목, 친인선린' 속담과 관련하여 한국어로 이야기할 수 있어야 한다.

01 강신수목, 친인선린

◆ 생각해 보기 ◆

1) '강신수목, 친인선린'의 속담의 의미를 생각해 봅시다.
2) '강신수목, 친인선린'의 속담의 이념에 대해 생각해 봅시다.
3) '강신수목, 친인선린'에 대해 예를 들어 설명해 봅시다.

제15과 '講信修睦, 親仁善隣'과 다듬이질

◆ 들어 보기 ◆

[동영상]

◆ 단어 보기 ◆

讲信修睦	강신수목(신뢰로써 화목하게 지내다)
讲究信用	신용을 중시하다
睦邻修好	선린우호관계를 맺다
优良美德	훌륭한 미덕
价值尺度	가치 척도
足食	족식(식량을 충족하게 하다)
足兵	족병(군대를 튼튼하게 하다)
民信	민심(백성의 믿음을 얻다)
迫不得已	부득이, 할 수 없이
安邦定国	안방정국(국가를 안정시키고 공고하게 하다)
自由人联合体	자유인 연합체
秉持	장악하다, 견지하다
合作共赢	협력상생
擘画	계획하다, 기획하다
发展带	발전 벨트
义利相兼	의리와 이익을 겸하다
亲仁善邻	친인선린(이웃과 사이좋게 지내다)
倡导	제창하다, 주장하다
澜湄国家命运共同体	란메이 국가 운명공동체
柬埔寨金港高速公路	캄보디아 프놈펜-시아누크빌 고속도로
纵横捭阖	종횡으로 외교적 수완을 발휘하다

· 139 ·

◆ 본문 보기 ◆

01 강신수목, 친인선린

　　강신수목(講信修睦, 신뢰로써 화목하게 지내다)은 <예기(禮記)·예운편(禮运篇)>에 나오는 말로, 신용을 중시하고 이웃과 선린우호관계를 맺는 것을 대동세계의 이상적 경지로 간주함을 말한다. 중국 전통문화에는 사람과 사람 사이든, 국가와 국가 사이든, 상호 간의 관계를 조정하여 친밀하고 화목한 경지에 이르는 관건은 '믿음(信)'을 훌륭한 미덕과 가치 척도로 삼는 데 있다. <논어(論語)·안연(顔淵)>에 따르면 자공(子貢)이 일찍이 공자에게 정사(政事)를 청한 적이 있는데, 공자는 자공에게 '족식(足食, 식량을 충족하게 함)', '족병(足兵, 군대를 튼튼히 함)', '민신(民信, 백성의 믿음을 얻는 일)'을 국가 정치 생활의 세 가지 기본 요소로 삼았다고 했다. 자공의 추궁에 공자는 어쩔 수 없이 그 중 하나를 택해야 한다면 '족식', '족병'보다는 '민신'을 선택해야 한다고 일러 주었다.

　　'믿음(信)'은 개인의 관점에서 보면 사람들이 입신행도(立身行道, 출세하여 바른 도를 행함)를 할 때 반드시 지켜야 할 도덕이며, 국가 차원에서 보면 정권의 확고한 초석이며, 국정을 다스리고 나라를 안정시키는 중요한 이념이라 할 수 있다. 따라서 강신수목은 인간의 근본이고 사람을 대하고 일을 처리하는 방식일 뿐만 아니라 나라를 세우는 기초이자 발전시키는 중요한 요소이다. 이는 또한 마르크스주의에서 제창하는 사회적 믿음과 세계 교류의 이론과 일치할 뿐만 아니라 어떠한 형태의 민족 억압과 착취도 단호히 반대하고 궁극적으로 '자유인 연합체(自由人聯合體)'의 공산주의 이상과도 일치한다.

　　우리는 각계각층 인민들과 함께 진정한 다자주의(多邊主義), 강신수목, 협력상생(合作共贏)의 원칙을 견지하고 인류운명공동체 건설의 목표를 향해 꾸준히 나아갈 것을 희망한다.

　　중국 공산당 제18차 전국대표대회 이래 중국의 국제적 위상과 영향력은 지속적으로 향상되었다. 시진핑(習近平) 총서기는 신시대 대국 외교 정책을 계획하고 인류운명공동체 구축을 추진하고 있다. '일대일로' 이니셔티브는 보다 많은 국가가

제15과 '講信修睦, 親仁善隣'과 다듬이질

국부민강(國富民强, 나라가 부유하고 백성들이 강함)의 목표를 달성하도록 돕고 있다. 글로벌 개발 및 남남협력(개발 도상국 간의 경제 기술 협력을 말함, 개발 도상국의 지리적 위치가 대부분 남반구와 북반구의 남쪽에 있기 때문에 '남남협력'이라고 부른다) 기금과 아시아 인프라 투자 은행은 각국의 인프라 건설과 보완, 특히 경제 발전에 많은 재정 지원을 제공했다.

2023년은 '일대일로' 이니셔티브를 제안한 지 10주년이 되는 중요한 시점이다. 중국과 협정을 체결한 주변국은 공동으로 '일대일로'를 새로운 단계로 추진할 것이고 세계를 이롭게 하는 이 '발전 벨트(發展帶)'는 더욱 번영할 것이며 인류에게 혜택을 주는 '행복의 길'은 더욱 넓어질 것이다. 의리와 이익을 겸하나 의리를 우선시하며 신용을 중시하고 남과 화목하게 지내나 자기의 중심과 원칙을 잃지 말아야 한다. 중국의 급속한 발전은 점차 세계의 기회로 되었으며 중국 특색 대국 외교의 전면적 추진은 날로 강해지는 중국의 책임을 보여주고 있다.

이웃과 사이좋게 지내는 것은 나라의 보물이오니, 군주여, 부디 정나라의 청을 받아들이옵소서(親仁善鄰, 国之宝也, 君其许郑). 유교 경전 <좌전·은공 6년>(《左傳·隱公六年》)에 따르면 노은공(魯隱公) 6년에 정장공(鄭莊公)은 부하를 거느리고 진나라를 쳤다. 결승을 앞두고 정장공은 자진해서 진나라에 화해를 청했지만, 진환공(陳桓公)은 단호히 거절했다고 한다. 대신(大臣) 오부(五父)는 진환공에게 인의(仁義)를 가까이 하고 이웃 나라와 사이좋게 지내는 것이 입국(立國)의 보물이라고 하면서 정나라의 청을 받으들이라고 간언했지만 진환공은 대수롭지 않게 여기고 그 청을 받아들이지 않았다. 결국 진나라는 패하였고 전쟁에서 아주 큰 손실을 입게 되었다.

친인선린(親仁善鄰), 즉 인애우선(仁愛友善)의 원칙에 따라 이웃과 사이좋게 지내는 것은 대인관계, 공동체관계의 기본원칙일 뿐만 아니라 국제관계, 외교관계의 기본원칙이기도 하다. 이는 중화의 아들 딸들이 평화를 사랑하는 유구한 역사와 우량한 전통을 구현했고 중화민족이 일관되게 제창하는 처세입국(處世立國)의 방법이다. 친인선린과 마르크스주의는 인간 사회 발전에 관한 역사적 논리면에서는 내재적으로 일치하며 특히 '진정한 공동체' 사상과 내재적으로 일치한다. 시진핑 동지를 핵심으로 하는 당중앙은 전면적이고 심도 있게 현황을 분석과 형세의 발전 변화를 가늠하여 친인선린 이념을 계승 발전시키고 진정한 다자주의를 실천하며 전 인류의 공동 가치를 제창하고 인류 운명 공동체의 사상적 주장을 창조적으로 제시하여 오늘날 세계에서 새로운 국제 관계를 건설하는 데 중국의 지혜를 제공하였다.

중화민족은 항상 친인선린의 이념을 견지해 왔으며 책임감 있는 대국으로서 평화, 발전, 공정, 정의, 민주, 자유라는 인류 공통의 가치를 견지하고 공상(共商), 공건(共建), 공향(共享)의 글로벌 거버넌스 개념을 견지하며 평화 발전, 개방 발전, 협력 발전 및 공동 발전의 길을 견지하고 있다.

중국 공산당 제19차 전국대표대회 이래 중국은 주변국을 포함한 개발도상국과의 단합과 협력을 적극 강화하고 있다. 캄보디아, 라오스, 미얀마 등 국가들과 '란메이 국가 운명공동체(瀾湄國家運命共同體)'를 구축하여 '중국-동남아 국가 연합 운명공동체'를 적극 추진하고 있다. 캄보디아 프놈펜-시아누크빌 고속도로(金港高速公路, 캄보디아 수도 프놈펜과 최대 항구인 시아누크항을 연결하는 고속도로)를 개통하고 중국-라오스 철도 화물 터미널을 완공하였으며 인도네시아 야완 고속철도(雅萬高鐵)를 개통함으로써 아시아 태평양 지역 경제 통합을 점진적으로 추진하고 있다. 아시아 운명공동체와 인류운명공동체의 건설은 이웃 국가에 진정한 혜택을 주었을 뿐만 아니라 세계인의 광범위한 찬사를 받았다. 높은 곳에 올라서야 종횡으로 그 외교적 수완을 발휘할 수 있다.

오늘날 중국은 180여 개 국가와 외교 관계를 수립했으며 140여 개 국가와 30여 개 국제 기구, 200여 개의 협력 문서를 체결했다. 점차 세계무대의 중심으로 진입하고 중화민족의 위대한 부흥이라는 중국의 꿈을 실현하는 넓은 길에서 우리의 발걸음은 더욱 더 여유롭고 우리의 친구는 날로 많아지고 있다.

◆ 말해 보기 ◆

1) **동영상을 듣고 위의 질문에 답해 봅시다.**
   ① '강신수목, 친인선린'의 속담의 의미를 말해 봅시다.
   ② '강신수목, 친인선린'의 속담의 이념에 대해 말해 봅시다.

③ '강신수목, 친인선린'에 대해 예를 들어 설명해 봅시다.

2) 다음 문장을 중국어로 번역해 봅시다.

① '믿음(信)'은 개인의 관점에서 보면 사람들이 입신행도(立身行道, 출세하여 바른 도를 행함)를 할 때 반드시 지켜야 할 도덕이며, 국가 차원에서 보면 정권의 확고한 초석이며, 국정을 다스리고 나라를 안정시키는 중요한 이념이라 할 수 있다.

② 친인선린과 마르크스주의는 인간 사회 발전에 관한 역사적 논리면에서는 내재적으로 일치하며 특히 '진정한 공동체' 사상과 내재적으로 일치한다.

③ 아시아 운명 공동체와 인류 운명 공동체의 건설은 이웃 국가에 진정한 혜택을 주었을 뿐만 아니라 세계인의 광범위한 찬사를 받았다.

3) 동영상의 중심 내용을 요약해 봅시다.

02 한국의 다듬이질

◆ 생각해 보기 ◆

1) 다듬이질이란 무엇인지 생각해 봅시다.

2) 다듬이질에 깃들어 있는 의미를 생각해 봅시다.

3) 다듬이질의 문화적 가치에 대해 생각해 봅시다.

◆ 들어 보기 ◆

[동영상]

◆ 단어 보기 ◆

창호지	窗户纸
청아하다	清雅，清秀文雅
또닥또닥	捣衣的声音
익숙하다	熟练，纯熟，精通
경쾌하다	轻快，轻爽
꼬박	整整，一直
애환	悲欢，哀欢
울려 퍼지다	响起，浮荡
경향	趋势；色彩
더불어	同，跟，一起，一块
화음	和音，和弦
정겹다	申请，亲近
구박받다	受尽折磨
얌전하다	文雅，雅致，典雅
청량하다	清凉，凉爽
향수	乡愁，乡思
고단하다	累，疲累，疲劳，疲倦

제15과 '講信修睦, 親仁善隣'과 다듬이질

◆ 본문 보기 ◆

달 밝은 가을밤, 창호지 문 틈 사이로 흘러나오는 청아한 소리, 또닥또닥 옛 사람들은 우리 어머니의 다듬이질 소리가 익숙하다. 경쾌한 소리에 담겨 있는 우리 다듬이질에 대하여 알아보자.

한국 고유의 문화 다듬이질, 다듬이질은 우리의 고유한 옷감 손질법으로 옷감의 구김살을 펴기 위하여 다듬잇돌 위에 옷감을 올려 방망이로 두드리는 것을 뜻한다.

"오랜 전통 속에 내려오는 하나의 민속의 소리, 실용적으로는 다리미를 대신하는 도구, 행위 그것이 다듬이질입니다."

옛 우리 여성들은 한나절 꼬박 시부모님 공양과 자식 뒷바라지를 하며 가사 노동을 했다. 그렇게 하루를 마치고 밤이 되면 우리 어머니들은 다듬이질을 하며 타향으로 떠난 남편을 기다렸다. 다듬이질은 대표적인 여성 노동의 한 형태였으며 우리 어머니들의 애환이 담겨 있다. 어릴 적 대청마루에 누워서 본 어머니의 다듬이질하는 모습은 이제 추억으로 남아있을 뿐이다.

"발해의 3대 왕이었던 문왕시절에 양태사(楊泰師)라는 분이 일본 사신으로 가서 거기에서 고향 생각이 나니까 시를 하나 지었는데 그 시 제목이 '야청도의성'이라고 합니다. 그 말을 우리말로 풀이를 하면 '밤이 되니깐 고향에서 듣던 다듬이질이 생각나서 고향 생각을 하고 또 그 고향에 두고 간 부모님과 가족들 그리고 자기 아내 생각을 많이 했다는 그런 기록이 있습니다. 그 해가 759년이라고 하니까 굉장히 오래되었는데 그때에도 그 다듬이 소리에 대한 시가 나온 것을 보면 그때부터도 벌써 다듬이질을 해서 옷을 해 입었다는 것을 알 수가 있습니다. 그 아름다운 다듬이 소리가 우리 민족의 가슴 속에 남아 지금도 그 소리에 대해서 잊지 못하고 있는 그런 경향이 있습니다."

전라북도 완주군 고산면, 전라북도에 위치한 창포마을은 오래전부터 청아한 다듬이 소리가 울려 퍼지고 있는 곳이다. 생활의 변화와 더불어 다듬이질 문화는 사라졌지만, 이 곳 창포마을에서는 다듬이질 소리에 정겨움을 느낄 수 있다.

"창포마을이라는 이름을 가지고 우리 다듬이 소리를 보존하기 위해서 연주단을 결성을 하였고요. 다듬이로 공연을 하고 있습니다."

화음을 이루는 듯한 다듬이질 소리가 울려 퍼지며 다듬이 연주단만의 공연이 시작되었다.

"그때는 이 다듬이가 꼭 필요했어. 왜냐하면 (다듬이질)이걸 두들겨서 옷을 곱게 해서 입었지. 그때는 뭐 이렇게 나이론(재질의 옷)이 없었으니까."

"아가씨 때, 옛날에는 아가씨 때 이런 거 안 하면 시집을 못 갔지. 바느질 잘하고 이런 풀질 잘해야 얌전하다고 (좋아했지). 이제 오래됐으니까……그래도 생각나지, 엄마 생각……"

"다듬이질은 15살부터 했어…… 그래서 바느질해서 다 꿰매서 입히고 그냥 친정 엄마한테 다 배웠어."

"(시어머니한테 구박받고) 그리고 성질나면 시어머니한테 할말도 못하고 남편한테도 할말 못하고 막 (다듬이질) 치면서 화풀이 하고 그랬지……"

"저 어렸을 때 들었던 그런 따뜻한 그런 소리가 (다시 듣게 되어서) 저한테는 너무 행복했는데. 아, 이것을 우리 아이들은 이런 소리를 들어보지 못한 것 같아서 저는 일부러 녹화를 했어요."

"오랜만에 들어서 그 다듬이 소리도 정말 그 이렇게 들리는 그 소리가 이렇게 청아하다고 할까? 이런 게 정말 좋았어요."

다듬이질 소리에 청량한 선율을 통해 현대인들은 옛 추억의 향수를 느낄 수 있었다. 우리네 정서의 상징 다듬이질, 다듬이질은 선조들의 생활문화였으며 옷감을 다듬는 것뿐 아니라 삶의 고단함을 풀어주는 우리 전통문화였을 것이다.

◆ 말해 보기 ◆

1) 동영상을 듣고 위의 질문에 답해 봅시다.
① 다듬이질이란 무엇인지 말해 봅시다.
② 다듬이질에 깃들어 있는 의미를 말해 봅시다.
③ 다듬이질의 문화적 가치에 대해 말해 봅시다.

제15과 '講信修睦, 親仁善隣'과 다듬이질

2) 다음 문장을 중국어로 번역해 봅시다.

① 달 밝은 가을밤, 창호지 문 틈 사이로 흘러나오는 청아한 소리, 또닥또닥 옛 사람들은 우리 어머니의 다듬이질 소리가 익숙하다.

② 다듬이질은 대표적인 여성 노동의 한 형태였으며 우리 어머니들의 애환이 담겨 있다.

③ 우리네 정서의 상징 다듬이질, 다듬이질은 선조들의 생활문화였으며 옷감을 다듬는 것뿐만 아니라 삶의 고단함을 풀어주는 우리 전통문화였을 것이다.

3) 동영상의 중심 내용을 요약해 봅시다.

제4단원 발전과 혁신

제16과 '일대일로'와 스마트 의료기기

◆ 학습 목표 ◆

1) '일대일로'의 함의와 이념에 대해 이해한다.
2) 스마트 의료기기의 기술 발전에 대해 이해한다.
3) '일대일로' 공정에 대해 한국어로 이야기할 수 있어야 한다.

01 '일대일로' 공정 도감

◆ 생각해 보기 ◆

1) '일대일로' 이니셔티브의 함의에 대해 생각해 봅시다.
2) '일대일로 실크로드 경제 벨트'가 거둔 성과에 대해 생각해 봅시다.

韩国语视听说教程（四）（第3版）

◆ 들어 보기 ◆

[동영상]

◆ 단어 보기 ◆

局势	정세, 형세
丝绸之路经济带	실크로드 경제 벨트
老挝	라오스
一带一路倡议	일대일로 이니셔티브
勘察	현지 답사하다, 실지 조사하다, 탐색하다
开罗	카이로
金字塔	피라미드
马尔代夫	몰디브
打桩	말뚝을 박다
雅典	아테네
萨罗尼科斯湾畔	사로니코스 만
比雷埃夫斯港	피레에푸스 항구
不止于此	뿐만 아니라, 여기서 끝이 아니다
北电南送	북전남송(북쪽의 전기를 남쪽으로 이송하다)
融资	융자하다
秉持	장악하다, 견지하다

◆ 본문 보기 ◆

01 '일대일로' 공정 도감

발전은 인류 사회의 영원한 주제이며, 공동발전은 인류운명공동체를 구축하는

제 16 과 '일대일로'와 스마트 의료기기

데 반드시 걸어야 할 길이다. 100년 간 날로 변화가 심해지는 세계의 복잡한 정세에 직면하여 10년 전 시진핑 주석은 세계를 향해 제의를 하였다.

"'실크로드경제벨트'와 '21세기해상실크로드'를 공동으로 건설하자."

지난 10년 동안, 각 방면의 공동 노력으로 '일대일로'의 범위가 부단히 확장되었고 전 세계적으로 일련의 상징적인 프로젝트가 구축되었으며 많은 협력 상생의 좋은 성과를 이루었다.

　이곳은 인도차이나 반도에 위치한 라오스로, 수년 동안 철로 구간이 3.5km에 불과했다. 교통의 영향으로 라오스의 사회 발전은 크게 제한을 받았다. 2015년 '일대일로' 이니셔티브에 따라 중국과 라오스 지도자들은 중국-러시아 철도 공동 건설의 중대한 결정을 내렸다. 탐사 설계와 지뢰 제거에서 환경 보호 설계의 최적화에 이르기까지 6년 동안 총 길이 1,000여km, 시속 160km인 43개 지점을 통과하는 중국-라오스 철도 전 노선이 개통되었다. 이로써 라오스는 '육상 쇄국(陸鎖國)'에서 '육상 연합국(陸聯國)'으로의 전환을 실현했다. 출발하자.

카이로는 천여 년 동안 이집트의 정치 중심지로서 아프리카에서 개발이 가장 빠른 도시 중 하나이자 세계에서 가장 붐비는 도시 중 하나이기도 하다. 카이로의 인구와 교통의 압력을 줄이기 위해 이집트 정부는 수도를 옮기기로 결정했다. 2016년 중국과 이집트는 양국 지도자가 지켜보는 가운데 신행정수도 건설 협력협의를 체결했다.

이 프로젝트는 중국과 이집트 수교 60주년을 맞아 시진핑(習近平) 중국 국가주석과 이집트 대통령 압델 파타 엘시시(Abdel Fattah al Sisi)가 직접 공동 서명한 프로젝트이다. 이집트의 총리인 마드불리 박사는 CBD 프로젝트를 여러 차례 방문했고 이집트의 신시대(新時代)의 피라미드로 칭송했다.

사막에는 바람이 자욱하고, 장하에는 새로운 도시들이 일어선다. 사막의 고온과 같은 도전들을 극복하고 이집트의 새로운 행정수도인 CBD는 건설자들에 의해 그 윤각이 점차 또렷해졌다.

이것은 몰디브에 위치한 중국과 몰디브를 이어주는 우정의 다리로 길이는 2km이고 횡단 길이는 1.6km에 불과하지만 몰디브 최초의 현대식 다리이자 인도양을 가로 지르는 최초의 다리이다. 그러나 산호초 위에 과해대교(跨海大橋, 바다를 가로지르는 다리)를 건설하는 것은 결코 쉬운 일이 아니다. 몰디브는 세계에서 가장 큰 산호섬 국가로 다공(多孔)성, 취약성, 불균등한 지지력을 가진 산호초 석회암의 고유한 특성으로 인해 과해대교 건설은 극도로 어렵고 위험한 것이다.

이렇게 틈이 많은 산호초에 말뚝을 박는 데 있어서 가장 큰 위험은 말뚝이 미끄러지는 현상이다. 예를 들어, 지질 예보를 통해 지층을 알아내는 것은 말뚝 박기의 위험에 적응할 수 있도록 온갖 방법을 다 댄다.

암초, 파도 등 기타 일련의 문제를 극복한다. 2018년 8월 30일, 중국과 몰디브의 우정대교가 마침내 정식으로 개통되었다.

"진짜로 많은 어르신들이 감격의 눈물을 흘리시면서 다리 위를 지나가시면서 저희한테 엄지손가락을 내미셨습니다."

5년 간, 중국과 몰디브 우정대교 통행량은 1억 명 넘었다. 오늘날 꿈과 우정을 연결하는 수많은 다리가 세계의 강과 호수와 바다에 세워졌으며 이는 중국의 꿈과 세계의 꿈을 이어주는 교량역할을 하고 있다.

여기는 아테네 남서쪽 사로니코스만(Saronic Gulf, 薩羅尼科斯灣) 연안의 피레에프스 항구(Port of Piraeus, 比雷埃夫斯港)이다. EU 국가 중 그리스는 일찍이 '일대일로' 공동 건설에 참여했고, 협력 모델로 중원해운(中遠海運) 피레에프스 항구 프로젝트가 나오게 되었다.

"백번 듣는 것이 한 번 보는 것보다 못하다고 오늘 중국이 제창한 '일대일로'를 직접 살펴보니 이는 구호도 전설도 아닌 살아 숨쉬는 현실 세계의 멋진 협력 사례인 것 같습니다."

유럽발 재정위기로 그리스 경제가 큰 타격을 입으면서 피레에프스 항구도 경영난을 겪게 되었다. 중국과 그리스 양국의 공동 노력으로 지금의 피레에프스 항구는 비바람을 뚫고 지중해 최대 항구로 부상했다.

'일대일로'의 공동 건설로 세계의 점점 더 많은 항구가 생기와 활력이 차넘치게 되었다. 항구의 건설과 발전은 지역의 통합 발전을 촉진하는 동시에 중국과 공동 건설 국가의 협력상생의 새로운 국면을 개척하였다. 뿐만 아니라 일대일로 공동 건설의 범위가 점점 더 커지고 협력 분야가 점점 더 넓어지고 있다. 브라질에서는 아름다운 산수 발전소(美麗山水電站)의 충분한 전기에너지가 특고압 송전 기술을

제16과 '일대일로'와 스마트 의료기기

통해 브라질에서 전기를 가장 필요로 하는 곳으로 끊임없이 보내지고 있다.
    중국 기술을 통해 브라질은 '북전남송(北電南送)'을 실현하여 동남부의 에너지 부족 문제를 효과적으로 완화했다. 서아프리카의 세네갈(Senegal, 塞內加爾)의 많은 지역은 담수 자원이 부족한 문제에 직면해 있다. 중국이 자금을 지원하여 시행한 세네갈 농촌 우물 프로젝트는 세네갈 인구의 7분의 1에게 혜택을 주었고 3,000여 명의 현지인에게 일자리를 창출해 주었다. 중국과 벨라루스(Belarus, 白俄羅斯) 양국이 공동으로 설립한 공업단지도 어언간 십여 년의 발전과정을 거쳤으며 현재 단지에는 16개 나라에서 온 114개 기업이 입주하고 있다. 시진핑 주석이 강조했듯이 '일대일로' 공동 건설은 공상(共商), 공건(共建), 공향(共享)의 방침을 견지하고, 개방성과 투명성 원칙을 준수하며 협력과 상생을 실현하는 것이다.

◆ 말해 보기 ◆

1) 동영상을 듣고 위의 질문에 답해 봅시다.
   ① '일대일로' 이니셔티브의 함의에 대해 말해 봅시다.
   ② '일대일로 실크로드 경제 벨트'가 거둔 성과에 대해 말해 봅시다.

2) 다음 문장을 중국어로 번역해 봅시다.
   ① 지난 10년 동안, 각 방면의 공동 노력으로 '일대일로'의 범위가 부단히 확장되었고 전 세계적으로 일련의 상징적인 프로젝트가 구축되었으며 많은 협력 상생의 좋은 성과를 이루었다.
   ② 사막에는 바람이 자욱하고, 장하에는 새로운 도시들이 일어선다. 사막의 고온과 같은 도전들을 극복하고 이집트의 새로운 행정수도인 CBD는 건설자들에 의해 그 윤곽이 점차 또렷해 졌다.
   ③ 중국 기술을 통해 브라질은 '북전남송(北電南送)'을 실현하여 동남부의 에너지 부족 문제를 효과적으로 완화했다.

3) 동영상의 중심 내용을 요약해 봅시다.

02 스마트 의료기기

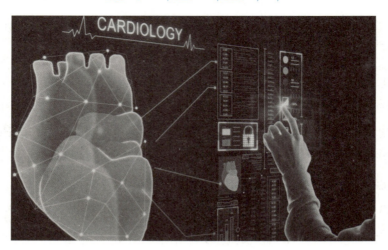

◆ 생각해 보기 ◆

1) 스마트 의료기기의 종류에 대해 생각해 봅시다.
2) 미래 스마트 의료기기는 어떤 기술을 필요로 하는지 생각해 봅시다.
3) 스마트 의료기기의 가치에 대해 생각해 봅시다.

◆ 들어 보기 ◆

[동영상]

◆ 단어 보기 ◆

도입되다	引进，采用，引入
드물다	稀疏，稀罕
협업	协作
만곡	曲，弯曲
딥러닝	（deep learning）深度学习，机器学习

제 16 과 '일대일로'와 스마트 의료기기

정량하다	定量
용종	息肉
대퇴부	大腿部, 股部
신근	伸肌
굴곡근	弯曲根
내전근	收肌
연동하다	联动
사시	斜视, 斜视眼
피하지방	皮下脂肪
알고리즘	(algorithm) 算法, 计算程序
홀로그램	(hologram) 全息图
유리피판술	游离皮瓣移植手术
프로토타입	(prototype) 原型, 雏形, 最初形态
인도시니안그린	(indocyanine green) 吲哚菁绿

◆ 본문 보기 ◆

 인공지능 기술을 활용해 실생활을 이롭게 바꾸려는 시도가 이어지고 있습니다. 다양한 데이터 가운데 특이점을 찾는게 AI가 특히 능한 분야인데 의료 산업은 향후 AI가 적극 도입될 산업으로 꼽히고 있습니다.
 많은 대형병원과 학교가 AI 활용 연구 성과를 발표하고 있지만 기술을 기업에 이전하는 경우는 국내에서 드문 편입니다. 가천대 스마트 의료기기 연구소는 실용성의 무게중심을 두어 AI와 하드웨어를 결합, 바로 쓸 수 있는 의료 AI를 만들고 있습니다.
 김광기 교수가 이끄는 스마트 의료기기 연구소에는 의료 인공지능 연구팀과 의료기기 및 의료 로봇 연구팀이 있으며 수십 명의 길병원 전문의들과 협업으로 연구하고 있습니다. 협업과 융합을 AI 기술 핵심으로 내세우고 있는 연구소는 현재 국가 연구개발 사업 등 총 41건의 프로젝트를 진행하고 있습니다. 지난 5년 간 300여 편의 SCI논문과 100여 권의 특허, 20여 건의 기술 이전이 있습니다.

척추 변형은 척추의 만곡의 정상 범위를 벗어나 과도한 전망이나 후반을 보이는 이상형태 또는 측방으로 과도하게 구분 경우를 말합니다. 척추 X-ray영상에서 딥러닝을 통해 척추체를 분할하는 모델을 개발하고 그 결과를 기반으로 척추의 변형 정도를 정량하기 위한 소프트웨어를 개발했습니다.

대장내시경 검사 시 용종의 위치를 자동으로 검출하고 시술자에게 제공 가능한 인공지능 기반의 진단 보조 소프트웨어를 개발했습니다. 약 8만 명의 의류 데이터를 AI 기반으로 연계 분석해 대장암 발생 가능성 여부를 예측할 수 있습니다. 근육량을 정확하게 측정하고 위축 및 근육 내 지방 침윤과 같은 근육질의 변화를 식별할 수 있는 것이 대퇴부 근육 정량화입니다. AI 기술을 활용해 CT에서 대퇴부 근육 내에 신근, 굴곡근, 내전근을 각각 분할할 수 있는 모델을 개발하고 이를 통해 근육 내 지방 조직과 근육량을 포함한 체성분을 분석할 수 있습니다.

CT는 MRI와 함께 체성분을 가장 정확하게 정량화하는 수단으로 근 감소증 진단을 위해 활용할 수 있습니다. 복부 또는 흉부 CT에서 근육, 피하지방, 내장지방 등의 체성분을 딥러닝 기반 자동분할 모델로 개발하고 딥러닝 모델을 연동한 근 감소증 진단 소프트웨어를 개발했습니다.

사시는 인구 100명 당 4명 꼴로 발생하는 빈도가 높은 질환으로 임상의 숙련도가 필요하고 영유아를 검사하기가 힘든 단점이 있습니다. 본 연구소는 AI를 활용해 전안부 영상으로 사실을 빠르고 정확하게 판별할 수 있는 자동 진단 예측 프로그램을 개발했습니다. 간을 해부학적 영역으로 세분화하면 수술에서 절제할 영역의 최소화가 가능하고 위험도도 줄일 수 있습니다. AI 기술을 활용해 CT에서 간을 해부학적 구조물로 자동으로 분할하고 정량화된 데이터로 분석할 수 있는 소프트웨어를 개발했습니다.

CT, MRI 등 의료용 영상 기기는 병의 진행 상태를 확인하는데 필수이지만 단층 촬영 방식이기 때문에 환자는 영상으로 이해하기가 쉽지 않았습니다. 스마트 의료기기 연구소는 CT나 MRI 의료 영상을 딥러닝한 AI 알고리즘으로 3차원 입체 영상으로 변환하고 시각화한 홀로그램 디바이스를 개발했습니다. 척수 장애인에게 근육 굳어진 방지와 근력 강화 운동 치료는 매우 중요한 요소입니다. 본 연구소는 어깨 치료 재활 로봇을 개발했습니다. 원 운동과 병진 운동의 다양한 기기를 부착한 로봇으로 VR 시스템 통합 및 콘텐츠 제작, 훈련 강화 가상현실 프로그램 모니터링 및 피드백 프로그램을 개발할 예정입니다.

　유리피판술은 조직 재건술 중 환자생명과 직결되는 고난도 수술로 수술 후 혈류의 흐름이 원활한 지에 대한 지속적인 모니터링이 필요합니다. 그러나 모니터링의 결과가 객관적이지 못하거나 야간 실시간 모니터링에 어려움이 있었습니다. 딥러닝을 이용해 환자의 상태를 객관적으로 진단 가능한 유리피판술 실시간 모니터링 시스템을 개발했습니다. 정밀 암 수술은 정상조직의 절제를 최소화하기 위해 수술 중 형광 영상 시스템을 사용합니다. 수술 전 형광 조영제를 체내에 주입한 다음 레이저나 LED 등의 광원을 조사합니다. 실시간으로 형광 발현을 촬영해 암 병변을 확인하면서 정확히 암 부위만 절제하는 방식입니다. 기존 사용 장비는 크고 무거우며 수입품이기 때문에 가격이 비싸고 AS 기간도 길었습니다. 본 연구소는 핸들링이 쉬운 펜 타입 장비를 개발하고 있고 프로토타입을 제작하고 있는 중입니다.

　대장암 수술 시 검체를 병리과에 이송하기 전 수술실에서 신선도가 유지된 대장의 림프 노드의 수량을 파악하기 위해 형광 조영제 주입, LED 조사, 카메라 촬영 및 외부 모니터링이 필요합니다.

　본 연구소는 인도시아닌그린(ICG) 형광 발현을 이용해 대장 림프 노드를 검출하고 수량을 파악하는 실시간 관찰 로봇 시스템을 개발했습니다. 복강경 수술 시 종양 위치 탐지에 어려움이 있습니다. 현재 잉크문신표지법, 형광염색표지법, 자가열표지법 등이 있지만 긴 시술 시간이나 알레르기 반응 등의 단점이 있습니다. 종양표지 자성체 클립과 자기장 통신 탐지기를 세트로 한 종양 위치 탐지기는 약물 사용이 필요 없고 수술 시간을 단축할 수 있습니다.

　"미래의료 AI의 꽃이 될 기술은 다양한 의료 데이터 표준화와 유전체 기술 의료기기 로봇 기술 융합으로 이루어질 AI기술입니다. 의사 업무를 돕는 AI 도입은 단순 편리성 증대 그 이상을 기대할 수 있겠습니다. 검체 이송과 같은 시간이 많이 들지만 단순한 업무를 AI에게 맡기면서 전공의 교육 시간을 확보하고 간호사 업무도 고도화된 기술과 지식이 필요한 것만으로 재편될 것입니다. 수술 교육을 원하나 직접적인 참여가 어려운 의대 학생과 의료 종사자에게 수술 동영상을 이용한 AI 교육 프로그램을 도입한다면 많은 도움을 줄 수 있겠습니다. 로봇 분야는 인공지능과 더불어 노인, 약자 및 재활 환자들에게 보다 나은 치료 환경을 제공해 줄 것으로 판단합니다."

◆ 말해 보기 ◆

1) 동영상을 듣고 위의 질문에 답해 봅시다.
　① 스마트 의료기기의 종류에 대해 말해 봅시다.
　② 미래 스마트 의료기기는 어떤 기술을 필요로 하는지 말해 봅시다.
　③ 스마트 의료기기의 가치에 대해 말해 봅시다.

2) 다음 문장을 중국어로 번역해 봅시다.
　① 스마트 의료기기 연구소는 CT나 MRI 의료 영상을 딥러닝한 AI 알고리즘으로 3차원 입체 영상으로 변환하고 시각화한 홀로그램 디바이스를 개발했습니다.
　② 원 운동과 병진 운동의 다양한 기기를 부착한 로봇으로 VR 시스템 통합 및 콘텐츠 제작, 훈련 강화 가상현실 프로그램 모니터링 및 피드백 프로그램을 개발할 예정입니다.
　③ 미래의료 AI의 꽃이 될 기술은 다양한 의료 데이터 표준화와 유전체 기술 의료기기 로봇 기술 융합으로 이루어질 AI기술입니다.

3) 동영상의 중심 내용을 요약해 봅시다.

제17과 엑스포

◆ 학습 목표 ◆

1) 엑스포의 역사와 특성을 이해한다.
2) 중국과 한국의 엑스포에 대해 이해한다.
3) 상하이 엑스포에 대해 한국어로 이야기할 수 있어야 한다.

01 상하이 엑스포

◆ 생각해 보기 ◆

1) 엑스포는 언제 처음 개최되었는지 생각해 봅시다.
2) 상하이 엑스포는 어떤 기록을 세웠는지 생각해 봅시다.
3) 상하이 엑스포와 개혁개방의 관계에 대해 생각해 봅시다.

◆ 들어 보기 ◆

[동영상]

◆ 단어 보기 ◆

世界博览会	엑스포, 세계박람회
前所未有	전례없다, 유례없다, 처음이다
呈现	나타내다, 선보이다
平台	플랫폼
蒸汽轮船	증기선
蒸汽机车	증기기관차
举措	조치
中共中央	(중국공산당중앙위원회)의 준말, 중공중앙
国务院	국무원
砥砺奋进	서로 격려하며 함께 나아가다
世博园	엑스포 파크
栩栩如生	생동감이 넘치다, 살아 숨쉬는 듯하다
亮点	하이라이트
落幕	폐막하다, 막을 내리다
汇聚	한자리에 모이다
《海上传奇》	<상해 전기>
同舟共济	한배를 타고 강을 건너다, 한 마음 한 뜻으로, 고난을 같이하다
共赢发展	함께 발전하다
新时代共享未来	신시대 미래을 함께 열어가자
担当作为	책임감을 다하다

제 17 과 엑스포

◆ 본문 보기 ◆

01 상하이 엑스포

　2010년 4월 30일, 제41회 세계박람회가 상하이에서 개막되었다. 이는 중국에서 처음으로 개최하는 종합적인 엑스포로, 반년 동안 진행된 이 상하이 엑스포는 참가 규모와 자원봉사자 수를 포함해 다양한 신기록을 세웠다.

　"상하이 엑스포는 당시 190개 주권국과 56개 국제기구가 참여하였는데, 이러한 규모는 역사상 처음입니다. 우리 엑스포는 184일 동안 7308만 명의 관객을 모았고, 이 모든 것은 세계에 깊은 인상을 줌으로써 개혁개방의 중요한 상징이 되었습니다."

　엑스포는 경제와 과학기술, 문화를 아우르는 세계적인 행사이다. 1851년, 제1회 엑스포가 영국 런던에서 개최되었는데, 당시 청나라 상인들은 비단을 가져가 중국 상품을 세계에 선보였고, 그 이후로 엑스포는 세계 각국의 선진 기술과 문화를 보여주는 중요한 플랫폼이 되었다. 오늘날 사람들에게 잘 알려진 고속증기선, 증기기관차, 엘리베이터, 전화기, 심지어 롤아이스크림까지 모두 엑스포를 통해 대중 생활에 다가왔다. 1970년 오사카 엑스포는 전후(戰後) 일본의 급속한 경제 발전을 촉진시켜 일본으로 하여금 엑스포의 직접적인 수혜자로 만들었다. 엑스포 개최는 한 나라의 경제 발전을 촉진하고 국제적 위상을 과시하기 위한 중요한 조치가 될 것이다.

　1990년대 초 개혁개방이 중국 동남해안을 뒤흔들기 시작한 10년 후, 황푸강변까지 봄바람이 불어오자 중공중앙 및 국무원은 상하이 푸둥을 개발하기로 결정했다. 1991년에 착공한 동방명주(東方明珠) TV타워는 푸둥(浦東)이 황무지로부터 굴기(崛起)까지 모든 과정을 지켜봤다. 10년 동안 간난신고를 겪으면서 서로 격려하며 함께 분투한 결과, 지난 세기 말에 푸둥은 번화한 금융 중심지로 발전했다. 이 사이에 홍콩과 마카오가 반환되었고 국내 경제 건설은 놀라운 성과를 거두었다. 세기가 바뀌는 시점에서 중국의 시선은 점차 국제무대에 쏠리기 시작했고, 엑스포는 중국인들의 주목을 받기 시작했다. 2001년 5월, 중국 정부는 2010 상하이 엑스포를 공식 유치했고 2002년 12월 3일, 국제박람기구 총회의 표결을 거쳐 중국 상하이는 2010년 엑스포 개최권을 획득했다.

"2010년 엑스포 개최 도시는 상하이임을 선포합니다."

유치 성공 후, 상하이는 엑스포 준비 모드에 들어갔고 8년간의 세심한 준비 끝에 2010년 5월 1일, 엑스포 파크가 공식적으로 방문객을 맞이했다.

"관광객 여러분, 중국관에 오신 것을 환영합니다. 중국국가관 관람은 사전 예약제로 운영됩니다."

중국관에는 첨단기술에 의해 생명을 부여받은 '청명상하도'가 살아 숨쉬는 듯했고 가장 창의적인 영국관 씨앗 궁전은 하이라이트가 되었으며 러시아관의 거대한 화해(花海)는 마치 동화나라에 온 듯한 느낌을 줬다. 이밖에도 웨이팅 기록을 연속 갱신한 사우디아라비아관도 있다.

"중국 개혁개방의 큰 성과는 바로 세계로 한 발짝 더 나아간 것입니다. 엑스포는 중국인들이 세계를 바라보는 창구이며 세계인이 중국을 바라보는 시각이 될 것입니다."

2010년 10월 31일 상하이 엑스포가 막을 내렸고 중국은 매년 10월 31일을 '세계 도시의 날'로 지정 제안하였는데, 2013년 유엔 총회에서 유엔 회원국들의 만장일치 지지를 얻었다. 상하이 엑스포는 끝났지만 그 정신은 계속되고 있다. 그렇다면 상하이 엑스포가 남긴 재부를 어떻게 계승하여 발전시킬 수 있을까? 2010년 상하이 엑스포의 주제는 '더 나은 삶을 위한 도시'로, 이번 엑스포에서 처음으로 도시 베스트 프랙티스를 선보였는데, 건축은 어떻게 더 친환경적으로, 공간은 어떻게 더 효율적으로 사용할 수 있는지에 대한 더욱 아름다운 도시를 향한 지혜가 한자리에 모였다.

상하이, 개혁개방 40년 동안 상해전기를 쉼없이 써왔고, 2018년 11월 5일 제1회 중국 국제 수입박람회가 상하이에서 개최되었다.

"중국 국제수입박람회의 주제는 '신시대 미래를 함께 열어가자'입니다. 중국 국제수입박람회는 개혁개방 40년을 거쳐 다시 한번 세계에 더욱 큰 개방으로 더욱 깊은 개혁을 추진해야 한다고 설명했습니다."

개혁개방 40년은 중국 인민들이 갖은 고난과 시련을 이겨내고 끈질긴 투쟁의

제 17과 엑스포

> 역사의 한 페이지이다. 오늘날 중국은 그 어느 때보다 개방적이고 자신감 넘치며 책임감을 다할 뿐만 아니라, 오늘날 세계도 한 마음 한 뜻으로 함께 발전해야 한다.

◆ 말해 보기 ◆

1) 동영상을 듣고 위의 질문에 답해 봅시다.
   ① 엑스포는 언제 처음 개최되었는지 말해 봅시다.
   ② 상하이 엑스포는 어떤 기록을 세웠는지 말해 봅시다.
   ③ 상하이 엑스포와 개혁개방의 관계에 대해 말해 봅시다.

2) 다음 문장을 중국어로 번역해 봅시다.
   ① 엑스포는 경제와 과학기술, 문화를 아우르는 세계적인 행사이다. 1851년, 제1회 엑스포가 영국 런던에서 개최되었는데, 당시 청나라 상인들은 비단을 가져가 중국 상품을 세계에 선보였고, 그 이후로 엑스포는 세계 각국의 선진 기술과 문화를 보여주는 중요한 플랫폼이 되었다.
   ② 1991년에 착공한 동방명주(東方明珠) TV타워는 푸둥(浦東)이 황무지로부터 굴기(崛起)까지 모든 과정을 지켜봤다.
   ③ 2010년 상하이 엑스포의 주제는 '더 나은 삶을 위한 도시'로, 이번 엑스포에서 처음으로 도시 베스트 프랙티스를 선보였는데, 건축은 어떻게 더 친환경적으로, 공간은 어떻게 더 효율적으로 사용할 수 있는지에 대한 더욱 아름다운 도시를 향한 지혜가 한자리에 모였다.

3) 동영상의 중심 내용을 요약해 봅시다.

4) 동영상을 들으면서 궁금했던 점을 말해 봅시다.

02 여수 엑스포

◆ 생각해 보기 ◆

1) 여수 엑스포는 언제 개최되었는지 생각해 봅시다.
2) 여수 엑스포의 주제는 무엇인지 생각해 봅시다.
3) 박람회 기간 중 여수 선언은 어떤 역할을 하였는지 생각해 봅시다.

◆ 들어 보기 ◆

[동영상]

◆ 단어 보기 ◆

삼면	三面
대안	对岸
비전	想象，幻想，可能性
보고	宝库
장	章，章节

제 17 과 　 엑스포

주제관	主题馆
탄소 배출	碳排放
제로	零
화합	和谐，和睦
융합되다	融合，融入
상생	相生
스마트그리드	（smartgrid）智能电网
인프라	（infra）基础设施，基础建设
만단	万般，各种各样，所有
레저	（leisure）闲暇，空闲，休闲，娱乐
원스톱	（one-stop）综合性的，全方位服务的，一站式的
다채롭다	五彩缤纷，丰富多彩
심포지엄	（symposium）研讨会，座谈会
결집하다	集结，聚集，会聚
개도국	发展中国家

◆ 본문 보기 ◆

　세계인의 가슴속으로 푸른 길이 펼쳐집니다. 미래의 바다와 만나는 길, 여수 엑스포로 향하는 길입니다. 삼면이 바다로 둘러싸인 나라 대한민국, 대한민국은 태평양을 향해 열린 대안의 나라입니다. 한려수도 해상 국립공원을 비롯해 보석처럼 아름다운 2,000여 개의 섬들로 이루어진, 한국 해양문화의 중심지 남해안, 그곳에 풍부한 문화유적과 해양관광자원을 가진 5,000년 역사 속의 해양도시 여수가 있습니다. 지금 바다를 향한 인류의 꿈이 여수로 몰려듭니다.

　2012년 대한민국 여수에서 사상 최대의 해양축제가 열립니다. 인류에게 새로운 비전을 제시하고 미래의 꿈과 만나게 하는 꿈의 경연장 세계박람회, 여수 세계박람회는 올림픽 월드컵과 함께 인류의 3대 축제로서 G20으로 선진국에 진입한 대한민국이 개최하는 첫 글로벌 이벤트입니다. 여수 세계박람회는 '살아있는 바다, 숨쉬는 연안'

을 주제로 바다를 통해 인류의 새로운 발전을 열어가자는 뜻깊은 비전을 세계에 전하고자 합니다. 바다는 생명의 근원이자 미래 인류가 의존해야 할 자원의 보고입니다. 2012 여수 엑스포는 미래를 위해 바다의 중요성을 공유하고 바다와 인간이 함께하는 즐거운 축제의 장이 될 것입니다.

세계 최초로 바다 자체를 박람회장으로 꾸민 대한민국 여수에서 놀라운 미래의 해양 도시의 체험이 시작됩니다. 미래의 바다의 비전을 연출할 국내 최초 해상 건축물 주제관, 여수 세계박람회의 주제를 특정 분야별로 구현하는 다섯 개의 부제관, 탄소 배출 제로 시범건축물로써 해양한국의 미래를 보여줄 한국관, 다도해의 작은 섬들을 형상화하여 오대양의 화합과 공존을 보여줄 국제관, 해양 및 지구환경 파괴에 대한 인류 공동 노력의 필요성을 제시할 국제기구 및 NGO관, 바다에는 축구장 이배, 삼배 크기의 꿈같은 바다 정원 The Big-O가 펼쳐지고 디지털 문화공간 엑스포 디지털 갤러리에서는 첨단 IT 기술과 미래 예술이 융합된 다채로운 문화예술 이벤트가 관람객들을 예술적 상상의 세계로 안내할 것입니다. 한국 최대 규모의 대형 아쿠아리움은 전 세계 희귀 해양 생물들과 만나는 신비로운 바다속 체험을 제공할 것이며, 폐자원을 활용한 스카이타워는 거대한 파이퍼로 간이 되어 바다의 소리를 들려줍니다.

'살아 있는 바다, 숨 쉬는 연안', 바다와 연안이 세계인들에게 전하는 상생과 화합의 메시지를 만나보십시오. 2012 여수 엑스포는 바다와 인간이 진정한 교감을 나누는 체험과 감동의 시간을 전해드릴 것입니다.

여수 엑스포는 대한민국의 첨단 IT 기술을 바탕으로 놀라운 기술이 구현되는 첨단 유비쿼터스 엑스포입니다. 이제 휴대폰 하나로 간단히 입장권을 예약 구매할 수 있고 박람회장 어디서나 와이파이를 이용하여 인터넷을 검색하고 박람회 시설의 위치와 주변 관광정보를 검색할 수 있습니다. 또한 여수 엑스포는 박람회장의 스마트그리드 인프라를 도입, 진정한 그린 엑스포의 모범을 실현할 것입니다. 세계 어디에서나 여수로 오는 길은 막힘없이 빠르고 편리합니다. 땅과 바다, 하늘을 망라하는 교통 인프라가 여수 박람회장까지 오는 길을 더욱 가깝게 열어줍니다. 여수는 세계의 손님들에게 내 집 같은 안락함과 최상의 편의 시설을 제공하고자 만단의 준비를 다하고 있습니다.

풍부한 먹거리와 다양한 볼거리, 관광과 쇼핑은 물론 낭만적인 휴식과 레저에 이르기까지, 모든 정보는 원스톱으로 제공되며 다채로운 선택의 즐거움을 드릴 것입니다. 그리고 무엇보다 시민들의 따뜻한 환대와 진심 어린 친절은 세계인들에게 잊지 못할 추억을 안겨줄 것입니다. 여수 엑스포는 지구촌이 하나 되는 문화학술축제로서 93일 간 총 3700여 회에 걸쳐 다채롭고 의미 있는 행사들로 풍성하게 채워질 것입니다.

그리고 주제를 보다 심도 깊게 논의하기 위한 국제 심포지엄이 매년 개최되어 박람회의 뜻을 이어갈 것입니다. 박람회 기간 중 채택하게 될 여수 선언은 해양도전의 중요성에 대한 국제사회의 협력을 결집하는 계기가 될 것이며, 여수 프로젝트를 통해 후발 개도국의 해양 환경 문제 해결을 지원함으로써 인류 발전에 기여할 것입니다.

우리는 미래의 바다와 만나는 특별한 시간을 준비하고 있습니다. 미래의 바다로 초대합니다. 바다와 함께하는 우리의 내일을 만날 수 있습니다. 여수가 당신을 기다립니다. 2012 여수 세계박람회.

◆ 말해 보기 ◆

1) 동영상을 듣고 위의 질문에 답해 봅시다.
   ① 여수 엑스포는 언제 개최되었는지 말해 봅시다.
   ② 여수 엑스포의 주제는 무엇인지 말해 봅시다.
   ③ 박람회 기간 중 여수 선언은 어떤 역할을 하게 되었는지 말해 봅시다.

2) 다음 문장을 중국어로 번역해 봅시다.
   ① 여수 세계박람회는 '살아있는 바다, 숨쉬는 연안'을 주제로 바다를 통해 인류의 새로운 발전을 열어가자는 뜻깊은 비전을 세계에 전하고자 합니다.
   ② 여수 엑스포는 대한민국의 첨단 IT 기술을 바탕으로 놀라운 기술들이 구현되는 첨단 유비쿼터스 엑스포입니다.
   ③ 여수 엑스포는 지구촌이 하나 되는 문화학술축제로서 93일 간 총 3700여 회에 걸쳐 다채롭고 의미 있는 행사들로 풍성하게 채워질 것입니다.

3) 동영상의 중심 내용을 요약해 봅시다.

4) 2030 부산엑스포 유치 실패에 대해 자기 의견을 말해 봅시다.

제18과 고속열차

◆ 학습 목표 ◆

1) 양국 고속열차의 발전 현황에 대해 생각해 봅시다.
2) 중국 고속열차의 특성과 현황에 대해 한국어로 이야기할 수 있어야 한다.

01 중국 고속열차

◆ 생각해 보기 ◆

1) 세계에서 가장 긴 철도에 대해 생각해 봅시다.
2) 중국의 고속 열차에 대해 예를 들어 설명해 봅시다.
3) 중국 고속 열차의 발전 현황에 대해 생각해 봅시다.

제 18 과   고속열차

◆ 들어 보기 ◆

[동영상]

◆ 단어 보기 ◆

专列	전용철도
京广高铁	징광고속철도(베이징-광저우를 잇는 고속철도)
沿线	연선
京沪高铁	징후고속철도(베이징-상하이를 잇는 고속철도)
盈利	이윤, 이익
哈大高铁	하다고속철도(하얼빈-다롄을 잇는 고속열차)
合福高铁	허푸고속철도(허페이-푸젠을 잇는 고속철도)
武夷山	우이산
三清山	싼칭산
杭黄高铁	항황고속철도(항저우-황산을 잇는 고속철도)
覆盖率	점유율
青藏铁路	칭짱철도(칭하이-시짱을 잇는 고속철도)
零排放	제로 배출
绿色作业	녹색 작업
贵广高铁	구이광고속열차(구이저우-광저우를 잇는 고속철도)
成昆铁路	청쿤철도(청두-쿤밍을 잇는 고속철도)
京张高铁	징장고속열차(베이징-장쟈커우를 잇는 고속철도)

◆ 본문 보기 ◆

01 중국 고속열차

　　휴가 첫날, 우리는 당신을 데리고 베이징-광저우 고속철도를 체험하러 갈 것이다. 징광고속철도(베이징-광저우)는 세계에서 가장 긴 고속철도로 총 길이가 2281km이고 노선을 따라 37개의 역이 설치되어 있으며 베이징-허베이성-허난성-후베이성-후난성 등 6개 성 시를 이어준다. 예전에는 베이징에서 광저우까지 40여 시간이 소요됐지만 이제는 8시간이면 충분하다. 2019년에는 연인원 2억 5천만 명이 베이징-광저우 고속철도를 이용하여 남에서 북으로, 북에서 남으로 이동하였다. 베이징-광저우 고속철도는 명실상부한 중국의 황금 대동맥으로 자리매김하였다. 이뿐만 아니라 베이징-광저우 고속철도는 유일무이한 국가 전략 대통로이기도 하다. 베이징-텐진-허베이성 3개 성 시의 협력 발전에서부터 중부 궐기 전략과 광둥성-홍콩-마카오-대만 지역 건설에 이르기까지 국가의 중대한 전략 지역은 모두 베이징-광저우 고속철도 노선에 집중되어 있다.

　　휴가 두 번째 날인 오늘은 징후고속철도(베이징-상하이)를 체험할 것이다. 징후고속철도는 한 번에 건설 거리가 가장 길고 기술 표준이 가장 높은 고속철도로, 총 길이가 1318킬로미터이고 설계 속도가 시속 350킬로미터로 베이징, 텐진, 허베이성, 산둥성, 안후이성, 장쑤성, 상하이 등 7개 성 시를 관통하고 있다. 고속철도 연선 지역의 인구는 전국의 4분의 1을 차지하며 24개의 역은 마치 진주 목걸이를 꿰맨 듯이 베이징-텐진-허베이성 3개 성 시와 장강 삼각주 두 개의 주요 경제 구역을 이어주고 있다. 고속철도가 개통된 세 번째 해부터 이익이 창출되었다. 2019년에는 승객 인수가 연인원 10억 명을 돌파했으며 왕복 일수가 2일에서 밤늦게까지 소요되었으며 현재 소요되는 시간은 5시간 미만이다. 고속철도의 발전은 베이징과 상하이 사이의 시공간 거리를 계속 단축시키고 있다.

　　휴가 세 번째 날에는 하얼빈-다롄 고속철도를 체험할 것이다. 하다고속철도(하얼빈-다롄)는 둥베이 3성을 종단하며 운행거리는 921km로 세계 최초의 고한(高寒) 고속철도로 둥베이 평원의 주요 곡물 생산 지역을 통과한다. 북쪽의 곡물을

제 18 과 고속열차

남쪽으로 운송하는 이 열차를 타면 곡물 생산 기지의 수확 상황을 한눈에 볼 수 있다. 하얼빈-다롄 고속철도는 하얼빈, 창춘, 선양, 다롄 등 4개 도시를 중심으로 한 시간 교통권이며, 새벽에 다롄에서 잡은 해산물이 정오가 되면 하얼빈 식탁에 오를 수 있다. 전국 고속철도 레일의 70%가 안강(鞍鋼)에서 생산되며 푸싱호(復興號) 열차도 둥베이에서 제작되었다. 고속철도를 타고 둥베이를 누비면서 옛 공업기지의 새로운 생기를 눈으로 만끽해 본다.

휴가 네 번째 날에는 허푸-푸저우, 항저우-황산 고속철도를 체험할 것이다. 허푸 고속철도(허페이-푸저우)는 총 길이가 852km로 중국 최초의 시속 300km로 산간 지대를 가로지르는 고속철도로 푸저우에서 허페이까지의 시간을 기존 8시간 반에서 3시간 반으로 단축했으며 우이산, 싼칭산 등 많은 관광지를 연결하여 가장 아름다운 고속철도로 불린다. 중국 4개의 세계자연문화유산지 중 절반이 이 선상에 있다. 항황 고속철도(항저우-황산)는 또 하나의 아름답기로 유명한 고속철도로 길이가 265km로 시발점과 종착역은 시후(西湖)와 황산(黃山)이다. 이 철도는 7개의 5A급 명승지와 50여 개의 4A급 명승지와 10여 개의 국가산림공원을 지나며 전선(全线) 녹지 피복률은 50%를 넘는다.

휴가 다섯 번째 날에는 칭짱철도(칭하이-시짱)를 체험하도록 안내할 것이다. 칭짱철도의 총 길이는 1956km로 동쪽 시닝에서 남쪽 라싸까지이며, 그 중 거얼무(格尔木)에서 라싸까지의 구간은 해발 4,000m 이상 구간에 960km 이상이고, 해발 최고점은 5,072m이다. 이것은 세계에서 해발이 가장 높고 낙차가 가장 크며 고원 노선이 가장 길고 운행 환경이 가장 열악한 철도이다. 2006년 전체 노선이 개통된 이래 이 신비한 철도는 연인원 2억 5,300만 명의 승객과 6억 4,400만 톤의 화물을 운송했다. 거얼무(格爾木)-라싸(拉薩) 구간의 58개 역 중 51개 역이 무인화 관리를 실시하고 있다. 열차와 지면의 무공해, 제로 배출, 녹색 작업을 보장하기 위해 철도 안에는 압축 쓰레기 수집과 하수 수집 시스템이 장착되어 있다.

휴가 여섯 번째 날에는 구이광고속철도(구이저우-광저우)를 체험하도록 안내할 것이다. 구이광 고속철은 구이저우, 광시, 광둥을 연결하는 고속철도이다. 2014년 개통 후 구이양에서 광저우까지 기존 20시간에서 현재 4시간으로 단축되었다. 구이광 고속철도의 총 길이는 857km인데 거기에는 238개의 터널과 510개의 다리가 포함되어 있다. 전체 노선의 교량 터널 비율은 83.3%에 달한다. 즉, 평균 100km마다 교량과 터널의 길이가 83.3km인 것이다. 특히 구이저우 구간은 평균 1분 미만에 터널이 하나씩 놓여 있다. 구이광 고속철도의 개통과 운영으로 구이저우는 광둥, 홍콩, 마카오, 대만 지역의 채소과일 생산 기지가 되었으며 동시에 수많은 사람들이 오토바이를 타고 귀향할 수밖에 없었던 현실의 어려움을 개선하게 되었다.

휴가 일곱 번째 날에는 우리 함께 청두-쿤밍 철도를 체험해 볼 것이다. 청쿤 철도의 총 길이는 1,100km에 가깝다. 북쪽은 쓰촨성 청두, 남쪽은 윈난성 쿤밍까지 700km 이상이 쓰촨성 남서부와 윈난성 북부 산악 지역을 통과한다. 청쿤 철도는 전체 노선에 걸쳐 3개의 지리적 단원와 3대 지질 구조 단원을 통과하며 전체 노선에 42개의 역이 다리 또는 터널에 세워져 있다. 또한 청쿤 철도는 18개의 항목의 중국 철도의 제일과 13개 항목의 세계 철도 제일을 보유함으로써 유엔에 의해 20세기 인류가 자연을 정복한 3대 불가사의 중 하나로 뽑혔다. 올해는 청쿤철도 개통 50주년이 되는 해이다. 가장 어렵고 가장 위험한 이 철도는 아직 모든 노선이 개통되지는 않았지만, 2020년 1월에는 판즈화-쿤밍 노선이 개통되었다. 하여 운행 시간이 기존 9시간에서 2시간 남짓으로 단축되었다.

휴가 마지막 날에는 베이징-장자커우 고속철도를 체험할 것이다. 1909년 징장 철도는 중국인들이 스스로 철도를 건설하지 못할 거라는 예상을 깼다. 110년이 지난 후, 징장 고속철도는 고속철 자율주행의 시작을 열며 세계를 선도했다. 징장 고속철도 본선의 총 길이는 174km로 시발점은 베이징이고 종착역은 장자커우이다. 운행 시간은 기존의 3시간 7분에서 47분으로 단축되었다. 2022년 베이징 동계올림픽에서 징장 고속철은 가장 빠른 속도로 당신을 베이징, 옌칭, 충리 등 3대 경기 구역으로 데려 갈 것이다. 중국의 8종 8횡으로 된 고속철도망의 하나인 징란통로(京蘭通道)의 구성부분으로서 징장 고속철도는 장후 고속철도(張呼高鐵)와 장다 고속철도(張大高鐵)와 서로 연결되어 베이징에서 후허하오터(呼和浩特)까지의 시간을 기존의 아홉 여 시간에서 2시간 13분으로 단축하였고 베이징에서 다퉁(大同)까지는 1시간 46분 밖에 걸리지 않는다. 징장 고속 철도는 중국 철도의 발전과 중국의 종합 국력의 향상을 목격했다.

제 18과 고속열차

◆ 말해 보기 ◆

1) 동영상을 듣고 위의 질문에 답해 봅시다.
   ① 세계에서 가장 긴 철도의 특성에 말해 봅시다.
   ② 중국의 고속 열차에 대해 예를 들어 설명해 봅시다.
   ③ 중국 고속 열차의 발전 현황에 대해 말해 봅시다.

2) 다음 문장을 중국어로 번역해 봅시다.
   ① 징광고속철도(베이징-광저우)는 세계에서 가장 긴 고속철도로 총 길이가 2281km이고 노선을 따라 37개의 역이 설치되어 있으며 베이징-허베이성-허난성-후베이성-후난성 등 6개 성 시를 이어준다.
   ② 징후고속철도는 한 번에 건설 거리가 가장 길고 기술 표준이 가장 높은 고속철도로, 총 길이가 1318킬로미터이고 설계 속도가 시속 350킬로미터로 베이징, 톈진, 허베이성, 산둥성, 안후이성, 장쑤성, 상하이 중 7개 성 시를 관통하고 있다.
   ③ 허푸고속철도(허페이-푸저우)는 총 길이가 852km로 중국 최초의 시속 300km로 산간지대를 가로지르는 고속철도로 푸저우에서 허페이까지의 시간을 기존 8시간 반에서 3시간 반으로 단축했으며 우이산(武夷山), 싼칭산(三淸山) 등 많은 관광지를 연결하여 가장 아름다운 고속철도로 불린다.

3) 동영상의 중심 내용을 요약해 봅시다.

02 KTX 고속열차

◆ 생각해 보기 ◆

1) KTX 고속열차가 언제 처음 개통되었는지 생각해 봅시다.
2) KTX-산천은 무엇을 형상화한 것인지 생각해 봅시다.
3) KTX 고속열차의 특성에 대해 생각해 봅시다.

◆ 들어 보기 ◆

[동영상]

◆ 단어 보기 ◆

통상적	通常的，平常的
주파	频率
관절형	关节型
집약체	集合体
자리매김하다	定位，排名，占据地位

제 18과 고속열차

◆ 본문 보기 ◆

　대한민국 최초의 고속철도인 저는 2002년 4월 세계의 관심을 받으며 개통되었습니다. 저로 인해 대한민국은 프랑스, 일본, 독일, 스페인에 이어 세계 다섯 번째로 고속철도 보유국이 되면서 당당히 철도 선진국 대열에 들어가게 되었죠.
　그리고 2010년 3월 국산 기술로 제작된 KTX-산천이 탄생하고 포레에 대해선 이렇게 두 가지의 고속철도로 운행하고 있습니다. 고속철도란 통상적으로 시속 200킬로미터 이상의 속도로 주행하는 철도를 말하는데요. 저는 최고시속 330킬로미터까지 달릴 수 있게 설계되어 최고속철도라고 불리기도 하죠.
　서울에서 부산을 두 시간대의 주파에 본격적인 전국 반나절 생활권을 주도하게 된 KTX, 국민들의 생활에 커다란 혁신을 가져왔다고 해도 과언이 아니랍니다.
　"저는 고향이 청도예요. 그래서 KTX가 생기고 나서부터는 1시간 40분정도 밖에 안 걸려서 더 빨리 왔다갔다 할 수 있고 당일에도 왔다갔다 할 수 있게 됐어요. 그전에는 무궁화나 새마을호를 탔어야 됐는데 그러면 4시간 정도 걸렸었거든요. 확실히 시간 면에서는 단축이 돼서 편리해진 것 같습니다."
　프랑스 TGV기술이 적용된 KTX와 우리나라 토종 물고기 산천어를 형상화한 KTX-산천은 유선형 전두부 설계로 공기저항을 최소화해 빠르고 안정적으로 달릴 수 있습니다. 또 사람의 관절처럼 자유로이 움직일 수 있는 관절형 대처 연결 방식을 이용해 소음이 적으며 안락한 승차감을 유지하죠. 특히 KTX-산천은 알루미늄 합금으로 제작되어 하중은 다운 경고함은 업시켜 에너지 효율을 최적화했습니다. 빠른 속도로 달리는 KTX, 하나부터 열까지 승객의 안전을 중요시하는 저의 마음 느껴지시나요?
　이렇게 빠르고 안전하고 편안하고 첨단 기술의 집약체인 저는 명실상부한 대한민국의 대표 교통수단으로 자리매김했습니다.
　"컨베이션 산업의 활성화라든가, 관광산업의 활성화 또는 유통산업의 확장 등을 야기시켜서 해당 지역의 일자리를 창출하고 지역주민들의 소득을 높이는 데 중요한 역할을 했다고 봅니다."
　한국인 체험에 맞게 인체 공학적으로 설계된 좌석은 여행 중에도 불편함을 최소화 했는데요. 케이티엑스 산천의 전 좌석 회전식 의자는 안락한 여행을 보장합니다. 또한 산에 와이파이 서비스는 물론 KTX에 매거진을 비치해 지루함 없는 여행지를 만들어

주죠.

　　KTX의 2-4호차, KTX-산천 복합 열차의 3차, 13호 차는 특실로 개인석, 복도, 이인석으로 배치되어 있는데요. 좌석 사이의 간격이 넓어 조금 더 편안하고 완벽한 여행을 즐길 수 있습니다. KTX와 KTX-산천 모두 장애인 석, 전동휠체어 석, 장애인 화장실, 휠체어 보관소 등이 마련되어 있어 몸이 불편한 교통 약자도 걱정 없이 이용이 가능한데요. 그 밖에도 자판기, 수유실, 기저귀 교환대 등이 설치되어 남녀노소 모두 편안한 여행을 즐길 수 있습니다.

　　고객들의 설렘을 대한민국의 꿈과 비전을 안고 달리는 KTX, 오늘도 빠르고 안전하게 여러분의 여행을 책임지겠습니다.

◆ 말해 보기 ◆

1) 동영상을 듣고 위의 질문에 답해 봅시다.
    ① KTX 고속열차가 언제 처음 개통되었는지 말해 봅시다.
    ② KTX-산천은 무엇을 형상화 한 것인지 말해 봅시다.
    ③ KTX 고속열차의 특성에 대해 말해 봅시다.

2) 다음 문장을 중국어로 번역해 봅시다.
    ① 서울에서 부산을 두 시간대의 주파에 본격적인 전국 반나절 생활권을 주도하게 된 KTX, 국민들의 생활에 커다란 혁신을 가져왔다고 해도 과언이 아니랍니다.
    ② 프랑스 TGV기술이 적용된 KTX와 우리나라 토종 물고기 산천어를 형상화한 KTX-산천은 유선형 전두부 설계로 공기저항을 최소화해 빠르고 안정적으로 달릴 수 있습니다.
    ③ KTX-산천은 알루미늄 합금으로 제작되어 하중은 다운 경고함은 업시켜 에너지를 최적화했습니다.

3) 동영상의 중심 내용을 요약해 봅시다.

제19과 국산 대형 비행기와 대형 선박

◆ 학습 목표 ◆

1) 중국 국산 대형 비행기의 생산 과정과 가치를 이해한다.
2) 한국 국산 대형 선박의 생산 과정과 가치를 이해한다.
3) 중국 국산 대형 비행기의 가치에 대해 한국어로 이야기할 수 있어야 한다.

01 중국 국산 대형 비행기

◆ 생각해 보기 ◆

1) 국산 대형 비행기의 상업적 가치를 생각해 봅시다.
2) 국산 대형 비행기는 무엇을 핵심으로 하는지 생각해 봅시다.
3) 국산 대형 비행기의 역학을 생각해 봅시다.

◆ 들어 보기 ◆

[동영상]

◆ 단어 보기 ◆

工程院院士	공정원 원사
产业工人	산업 노동자
试飞员	시험 비행 조종사
研制	연구 제작하다, 연구 개발하다
载客	탑승객
垄断	독점하다
搁置	놓아두다, 내버려두다
誓师大会	결의 대회
样机	견본 비행기
驾驶舱	조종석, 운전석
客舱	객실
殷切	간곡하다, 절실하다
攀登	등반하다, 오르다
毋庸置疑	의심할 바가 없다, 두말 할 나위 없다
牵引	이끌다, 견인하다
壮阔	광활하다, 굉장하다
笑傲	구속받지 않고 자유롭다, 마음껏
迈向质的飞跃	질적 도약으로 나아가다
博弈	게임

제 19과 국산 대형 비행기와 대형 선박

◆ 본문 보기 ◆

01 국산 대형비행기

　9월 30일, 시진핑 총서기는 베이징 인민대회당에서 특수한 사람들을 만났다. 그들 중에는 중국공정원 원사도 있고 산업 노동자도 있으며 시험 비행 조종사도 있었다. 전국 각지에서 온 그들은 국산 대형 비행기를 개발하려는 공동의 목표를 실현하고자 한자리에 모였다. 민간 분야에서 대형 항공기는 일반적으로 이륙 중량이 100톤 가량이고 탑승객이 150명 이상인 제트기를 말한다. 대형 항공기의 제조는 한 국가의 산업 시스템 수준을 직접적으로 반영한다. 국산 대형비행기는 우리에게 어떤 의미일까?

　먼저 그것이 가져올 수 있는 거대한 상업적 가치를 살펴보도록 하자. 오랫동안 미국 보잉과 유럽 에어버스는 전 세계 간선 여객기 시장을 독점하다시피 했다. 2021년 전 세계 1034대의 상업용 항공기 인도량 중 두 회사의 비중은 88%에 달한다. 국산 대형 항공기의 성공적인 상업화는 보잉과 에어버스가 주도하는 글로벌 항공 산업 구도를 변화시켜 시장의 향연에 직접 참여할 수 있는 기회가 될 것이다.

　중국의 대형 항공기 제작은 결코 늦은 것이 아니라 몇 번의 시행착오를 거치며 험난한 과정을 겪었다. 1980년대 국내 최초의 대형 제트기인 윈(運)10의 개발이 보류되고 미국 맥도넬 더글러스사와의 합작 생산도 여러 가지 이유로 결국 결렬되었지만, 그 비장하고 굴곡진 경험은 우리에게 중국의 대형 항공기 제작은 중국에 적합한 길을 걸어야 한다는 것을 깨닫게 해주었다.

　2007년, 대형 항공기 특별 프로젝트가 공식적으로 승인되었고 중국의 민간 항공 산업은 다시 한번 대형 항공기 제작을 시도하였다. 바로 이 해에 시진핑 동지가 상하이로 전근하였다. 우리나라 최초의 중단거리 지선 제트기 조립 작업이 한창이던 때였다. 비행기가 아직 최종 착륙과 첫 비행을 달성하지는 못했지만 시진핑 동지는 이례적으로 프로젝트가 시행된 지 100일째 되는 날에 전투 동원 결의 대회에 참석하여 항공기 개발에 참여한 과학자들에게 큰 격려를 보냈다.

　7년 후인 2014년, 상하이로 시찰을 오신 시진핑 총서기는 특별히 중국 상업용 비행기 디자인 연구 개발 센터를 찾으셨다. 시진핑 총서기는 직접 중국 국산 대형 비행기-C919 대형 여객기의 견본 비행기에 올라 운전실과 객실을 돌아보면서 두 차례나 좌석에 앉아 직접 체험하셨다. 국내 대형 항공기의 거대한 상업적 가치는 그 어느 하나의 기업이나 또는 여러 개 기업에 국한되지 않는다. 대형 항공기는 산업 체인이 긴데 거기에는 1,000여 개 국내 기업, 대학 및 과학 연구 기관과 거의 30만 명의 산업 인력이 포함된다.

　　총서기는 국산 대형 항공기 개발 과정에서의 매 하나의 핵심 노드와 중대한 발전에 큰 관심을 기울이고 여러 차례 중요한 지시를 내리는 등 국산 대형 항공기에 큰 기대를 걸고 있었다.

　　"예전에는 직접 만드는 것보다 사는 것이 낫다고, 사는 것보다 빌리는 것이 낫다고 했지만 지금은 반대로 더 많은 돈을 들여 스스로 직접 비행기를 개발하고 제작하여 우리의 독립적이고 자주적인 능력을 형성해야 합니다."

　　그때 그 시절, 시진핑 총서기의 C919 프로젝트의 지시는 우리나라 항공기 산업의 발전 경로를 제시했고, 신시대 국산 항공기로 하여금 선배들과 완전히 다른 운명을 갖게 하였다. 2022년 9월 29일, 중국의 독립적인 지적 재산권을 가진 대형 제트식 민간 항공기 C919는 공식적으로 중국 민간 항공국에서 발행한 모델 인증서를 획득했다. 이제 좀 더 먼 방향으로 눈길을 돌려 보자!

　　의심할 여지 없이, 우리는 수십 년이란 시간을 들여 이제 완전한 산업 사슬을 구축했다. 우리가 오르고 있는 곳은 하이엔드메이드(high-made)라는 산봉우리이다. 시진핑 총서기는 "첨단 제조는 경제의 고품질 발전을 위한 중요한 버팀목으로 우리 나라 제조업의 변혁과 고도화를 추진하고 제조강국을 건설하며 과학기술의 명맥을 자신의 손에 쥐어야만 진정으로 강대해질 수 있다."고 강조하였다. 첨단 제조를 향한 이번 등반에서 항공제조업은 반드시 공략해야 할 산이다. 항공제조업이 실현한 기술혁신과 발휘한 견인효과는 제조업 전체 산업 사슬의 각 고리를 견인하여 첨단화 추세를 향해 나아갈 것이다.

　　비행기 이착륙 장치를 예로 들면 이착륙 장치는 재료의 강도, 인성에 대해 매우 높은 질량을 요구한다. C919는 바로 중국 바오우(保武)에서 자체 개발 생산한 300m 초강도 강철을 사용했다. 이 특수 강철의 연구 개발은 1,000톤이 넘는 강철

제 19 과 국산 대형 비행기와 대형 선박

수요를 낳았고 생산액이 억에 달하는 중요한 첨단 항공 특수 강철 산업을 형성하도록 이끌었으며 우리 나라가 민용 항공기의 주력인 특수강철산업 국제시장에 진출할수 있는 능력을 갖추도록 하였다. 관련 데이터에 따르면 C919는 163개의 핵심 기술 혁신을 달성하였다. 국내 대형 항공기가 상업적으로 인도된 후 증가하는 주문으로 인한 양적 및 질적 수요가 국내 고급 제조 산업의 부상을 주도할 것으로 예상된다.

　　C919의 공급업체 목록에는 중국, 미국, 유럽 등 국가의 많은 기업들이 포함되어 있다. 한편으로 우리는 항상 열린 마인드로 이 거대한 사업에 여러 우수한 기업들이 동참할 것을 희망하면서도 다른 한편으로 핵심 기술을 우리 손에 넣기 위한 돌파구를 마련하기 위한 노력도 잊지 않을 것이다.

　　과학기술 자립을 고수하는 것은 시진핑 총서기가 거듭 강조한 일이다. 그는 핵심 기술은 가져올 수도 살 수도 구걸할 수도 없음을 거듭 지적했다. 지난 10년 동안 총서기는 여러 차례 연구 개발의 최전선에 진입하여 혁신 요소 개발 현장에서 과학 연구자들과 여러 차례 직접 교류를 하였다. 그는 핵심 기술의 중요성을 거듭 강조하면서 자주적 혁신에 의존하여 핵심 기술을 돌파하는 경로와 방향을 찾을 것을 강조하였다. C919의 성공적인 개발은 중국 디자인, 시스템 통합, 글로벌 입찰과 점진적 국산화의 발전 경로를 모색해냈다.

　　톈원 1호(天問一號), 화성탐사부터 펀더우저호(奮鬥者號) 잠수정 마리아나 해구 심해잠수에 이르기까지, 베이더우(北斗) 네트워킹에서 푸싱호(復興號) 질주에 이르기까지 우리나라의 과학기술력은 양적 축적에서 질적 도약으로 나아가고 있으며, 점(點)의 돌파에서 시스템 능력의 업그레이드로 나아가고 있다. 이는 기초 연구와 원천기술 혁신 방면의 중요한 진전을 반영하고 있으며 국가 혁신 시스템의 전반적인 효율성 향상을 말해주고 있다. 진화가 가속화되고 있는 100년의 변화에 직면하여 기술 혁신은 국제 전략 게임의 주요 전쟁터가 되고 있으며 이는 또한 우리로 하여금 더 자신감을 갖게 한다.

　　2007년 시진핑 동지는 100일 전투동원결의대회에서 푸른 하늘을 마음껏 날아다닐 것을 제창하였다. 올해 9월 30일 접견장에는 당시 현장에 있던 스태프들도 있었다. 1970년 윈(運)10을 시작으로 50여 년의 시간을 거쳐, 여러 세대가 혼신의 힘을 다해 부지런히 움직였다. 국산 비행기에는 혁신을 돌파하려는 중국의 지혜가 응집되어 있을 뿐만 아니라 꿈을 견지하려는 국가의 의지도 담겨 있다.

◆ 말해 보기 ◆

1) 동영상을 듣고 위의 질문에 답해 봅시다.
   ① 국산 대형 비행기의 상업적 가치를 말해 봅시다.
   ② 국산 대형 비행기는 무엇을 핵심으로 하는지 말해 봅시다.
   ③ 국산 대형 비행기의 역할을 말해 봅시다.

2) 다음 문장을 중국어로 번역해 봅시다.
   ① 국산 대형 항공기의 성공적인 상업화는 보잉과 에어버스가 주도하는 글로벌 항공 산업 구도를 변화시켜 시장의 향연에 직접 참여할 수 있는 기회가 될 것이다.
   ② 대형 항공기는 산업 체인이 긴데 거기에는 1,000여 개 국내 기업, 대학 및 과학 연구 기관과 거의 30만 명의 산업 인력이 포함된다.
   ③ 진화가 가속화되고 있는 100년의 변화에 직면하여 기술 혁신은 국제 전략 게임의 주요 전쟁터가 되고 있으며 이는 또한 우리로 하여금 더 자신감을 갖게 한다.

3) 동영상의 중심 내용을 요약해 봅시다.

02 한국 국산 대형 선박

제 19 과 국산 대형 비행기와 대형 선박

◆ 생각해 보기 ◆

1) 국산 대형 선박의 생산 과정에 대해 생각해 봅시다.
2) 국산 대형 선박의 기술력에 대해 생각해 봅시다.

◆ 들어 보기 ◆

[동영상]

◆ 단어 보기 ◆

초대형	超大型
조선소	造船厂
코팅	(coating) 涂层, (薄的) 覆盖层
절단하다	切断, 折断, 割断
플라스마	(plasma) 等离子体, 等离子气体
예리하다	锋利, 锐利
의장	舾装
파이프	导管, 输送管
도크	dock, 码头, 船坞
탑재	装载
호락호락하다	轻易, 不难, 不费劲
컨트롤	(control) 控制, 管理
진수하다	下水
발맞추다	协调一致, 同步
터그보트	(tugboat) 拖船, 拖轮
무운	武运

◆ 본문 보기 ◆

　　초대형 선박을 가까이서 본 모든 사람들은 그 거대한 규모에 감탄하고 맙니다. 마치 떠다니는 섬이라 말하는 분들도 있고 고층아파트 수십 동이 뭉쳐 있는 모습이라 비유하는 분들도 있죠. 이렇게 크고 무거운 철편 덩어리가 도대체 어떤 과정을 거쳐 물 위에 뜨게 되는 걸까요? 세계 최고의 조선소가 만들어가는 초대형 선박의 모습을 지금부터 살펴보시죠.

　　여기에 선박의 주재료가 되는 철판이 바닷길을 통해 야드에 도착합니다. 가장 먼저 할 일은 바다를 건너는 중에 생긴 오염물을 제거해 깔끔한 상태로 만드는 것이죠. 이후에 앞으로 있을 건조 과정 중에 녹이 생기지 않도록 표면을 코팅합니다.

　　자, 이제부터 본격적인 공정의 첫 단계에 돌입합니다. 철판을 용도에 따라 다양한 모양으로 절단하는 과정이죠. 컴퓨터로 전송 된 디지털 설계 정보가 한 치의 오차도 없이 정확하게 자동으로 절단합니다. 섭씨 15,000도에 온도를 내뿜는 플라스마 절단기는 두꺼운 철판을 아주 예리하게 절단할 수 있죠. 절단 공장에서 분류된 철판들은 이제 조립 과정을 통해 입체적인 형태로 이어붙여 집니다. 우린 이것을 블록이라고 부르죠. 소조립 공장에서 완성된 조그마한 블록들은 다음 중 조립 공정의 모여 서로 합쳐지고 이렇게 커진 블록은 또 다시 재조립 단계를 거치며 점점 더 대형화 되어갑니다. 공장 밖에서까지 이어진 조립 공정은 마침내 초대형 블록으로 탄생하게 되죠. 블록들을 서로 합치기 전에 필요한 작업이 있습니다. 바로 의장 탑재죠.

　　의장이란 선방 내에 있는 갖가지 파이프나 장비들로 사람으로 치면 혈관과 내장기관 혹은 신경계 정도로 비유할 수 있습니다. 의장이 정확하게 설치 되어야 비로소 선박이 살아 숨쉴 수 있게 되죠. 만일 블록들을 먼저 합친 뒤에 그 안에서 의장 작업을 하게 되면 좁고 어두운 환경에서 안전성과 품질이 떨어질 수 있기 때문에 이렇게 서로 연결되기 전, 열려 있는 공간에서 먼저 의장을 설치합니다. 나중에 이어 붙였을 때 서로 완벽하게 맞아 떨어지지 않으면 어쩌냐구요? 걱정마세요, 애초에 그런 상황이 없도록 정확하게 설계하고 작업하는 것이 바로 초일류 기술이죠.

　　드디어 선박 공정의 꽃이라고 할 수 있는 탑재 순간입니다. 도크 밖에서 선행 공정을 마친 초대형 블록들을 하나둘씩 도크 안으로 들여와 이어붙이는 과정이죠. 간단해 보여도 그리 호락호락한 작업은 아닙니다. 초대형 블록이라는 수식어 답게 수백 톤에서 수천 톤에 달하는 중량물을 안전하게 이동시켜야 하죠. 이를 위해 3,600톤급 해상 크레인 2개를 합치거나 자항선을 이용하는 신공법을 사용하기도 합니다. 들어 올리는 것보다 더 중요한 것이 바로 정확한 위치에 내려놓는 작업입니다.

앞서 설치한 의장들이 서로 완벽히 들어 맞을 수 있도록 정확히 착지시키는 정교한 컨트롤이 필요하죠. 이 거대한 구조물을 오차범위 3mm 이내로 정확히 놓는 기술력이야말로 경쟁국들이 따라올 수 없는 비법입니다. 탑재가 완료된 선박은 외관을 페인트로 칠하는 도장 단계에 돌입합니다. 보통 선박은 한 번 진수하면 30년 이상을 바다를 떠다니게 되는데 그 시간동안 혹독한 바다 환경으로부터 선체를 보호하는 견고한 보호막이 필요합니다. 이 도장 작업은 이렇게 선박에 강한 보호막을 씌워주는 과정이죠. 최근 세계의 친환경 정책에 발맞추어 바다 생물들을 생각하는 친환경 도료를 사용하고 또 북극해 같은 극한환경에도 끄떡없는 특수도장을 적용합니다.

탑재와 보장 과정을 끝내면 마침내 선박을 물 위에 띄우는 순서가 찾아옵니다. 바로 진수라고 하죠. 드라이 도크에 물을 채워 넣은 후 게이트를 여는 방식 또는 물 위에 떠있는 플로팅 도크에서 조립해 도크를 통째로 바다에 가라앉히는 방식이 사용됩니다. 진수된 선박이 물에 뜨면 터그보트들이 다음 장소인 안벽으로 끌고 가죠. 과거에는 육상에서 선박의 모든 건조를 마친 후 바다에 띄우면서 비로소 생명을 불어넣는 의미로 진수식을 행했기에 많은 이들이 이 순간을 건조 공정의 맨 마지막 단계라고 생각하기도 합니다. 하지만 이제는 선박이 물에 뜰 수 있는 상태가 되면 야드에 있는 안벽에서 남은 공정을 마저 진행합니다. 그동안 도크에는 다음 선박의 블록들이 탑재되는 방식으로 생산성이 대폭 향상될 수 있었죠.

안벽에서 모든 공사 작업을 마치면 선박은 비로소 바다로 나가 각자의 최대 능력을 뽐내 봅니다. 자신이 활약할 바다에서도 실제 성능이 계약 사항을 만족하는지 검증하는 과정이죠. 재미있는 건 일부 선박들이 계약 사양보다 더 높은 성능을 보여 주기도 한다는 점입니다. 화물차의 안정성은 검증된 필수 조건입니다. 원유 운반선은 기름 대신에 바닷물을 탱크에 가득 채우는 방식을 쓰고 LNG 운반선은 실제 액화천연가스를 채우는 방식으로 진행되죠. 해상 시운전의 무대는 우리나라 해역을 벗어나 머나먼 북극해까지 펼쳐집니다. 쇄빙 LNG운반선의 실제 쇄빙 성능을 검증하기 위해서입니다. 이렇게 다양한 방법으로 선박의 성능을 점검하고 난 후에야 마침내 선박은 마지막 단계로 들어섭니다.

　갓 태어난 아기의 탯줄을 끊듯이 대모가 선박의 무운을 빌고 밧줄을 끊으면 우렁찬 뱃고동 소리로 바다에 거대한 생명이 탄생했음을 알리죠. 이렇게 명명식을 통해 이름을 얻은 선박은 앞으로 수십 년 간 거친 망망대해를 누비며 긴 여정을 시작하게 됩니다.

◆ 말해 보기 ◆

1) 동영상을 듣고 위의 질문에 답해 봅시다.
　① 국산 대형 선박의 생산 과정에 대해 말해 봅시다.
　② 국산 대형 선박의 기술력에 대해 말해 봅시다.

2) 다음 문장을 중국어로 번역해 봅시다.
　① 가장 먼저 할 일은 바다를 건너는 중에 생긴 오염물을 제거해 깔끔한 상태로 만드는 것이죠.
　② 이 거대한 구조물을 오차범위 3mm 이내로 정확히 놓는 기술력이야말로 경쟁국들이 따라올 수 없는 비법입니다.
　③ 갓 태어난 아기의 탯줄을 끊듯이 대모가 선박의 무운을 빌고 밧줄을 끊으면 우렁찬 뱃고동 소리로 바다에 거대한 생명이 탄생했음을 알리죠.

3) 동영상의 중심 내용을 요약해 봅시다.

제20과 국제우주정거장과 반도체 산업

◆ 학습 목표 ◆

1) 중국 국제우주정거장의 발전 현황과 가치에 대해 이해한다.
2) 한국 반도체 산업의 특성과 역할에 대해 이해한다.
3) 중국 국제우주정거장에 대해 한국어로 이야기할 수 있어야 한다.

01 중국 국제우주정거장

◆ 생각해 보기 ◆

1) 톈궁정거장 구조의 특성에 대해 생각해 봅시다.
2) 톈궁정거장을 건설하는 데 오랜 시간이 소요된 원인을 생각해 봅시다.

◆ 들어 보기 ◆

[동영상]

◆ 단어 보기 ◆

国际空间站	국제우주정거장
核心舱	핵심창
天宫空间站	톈궁정거장(天宫,천상의 궁전)
搭建	설치하다
筹备	준비하다
稀薄	(공기, 연기 따위의 농도가) 엷다, 희박하다
残余	나머지, 잔여
氙	크세논
控制力矩陀螺	제어 도크 자이로
霍尔电推进发动机	휠전기추진엔진
等离子体	플라스마
惰性	타성, 관성
袭来	엄습하다, 파고들다, 들이닥치다
游荡	이리저리 흔들리다, 빈둥거리다, 한가롭게 거닐다

◆ 본문 보기 ◆

01 중국 국제우주정거장

별이 빛나는 밤하늘을 바라보고 있으면 우리는 우주에 인간이 생존할 수 있는 두 개의 정거장이 있음을 발견하게 된다. 하나는 국제우주정거장이고 다른 하나는

제 20 과   국제우주정거장과 반도체 산업

우리나라의 톈궁(天宮) 우주정거장이다. 전 세계 200여 개 국가 중 중국만이 독자적으로 건설되고 아직도 운영 중인 우주 정거장을 보유하고 있다. 우주정거장을 건설하는 것이 정말 그렇게 어려운 일일까? 톈궁 우주정거장은 톈허핵심창(天河核心艙)을 중심으로 앞쪽 끝에 노드 모듈(節點艙)을 설치하고 노드 모듈의 양쪽에 각각 원톈(問天)과 멍톈(夢天) 두 개의 실험창을 도킹하여 무게가 60톤에 달하는 기본 구성을 형성한다. 핵심창 뒷부분은 톈저우(天舟) 우주 화물선에 도킹할 수 있고, 노드 모듈 앞부분에는 선저우(神舟) 유인 우주선에 도킹할 수 있다. 위쪽은 우주비행사가 선실 밖으로 나갈 때 사용하고 아래쪽은 두 번째 유인 우주선을 추가 장착하여 비상 귀환 준비에 사용할 수 있다.

미래에는 필요에 따라 핵심창의 앞부분에 3층짜리 구조를 추가로 만들 수 있으며, 최종적으로 블록을 쌓은 것처럼 '건(幹)'자 모양의 확장 구조를 형성하여 최대 무게 180톤 규모에까지 도달할 수 있다. 그러나 현재까지 기본 구조의 건설을 마무리 하지 못한 상태이다. 1966년 유인 우주선 시연부터 2021년 톈궁 우주정거장 건설까지 거의 60년 동안 준비하였다. 왜 이렇게 오랜 시간이 걸렸을까? 톈궁 우주 정거장은 지구 표면에서 약 400km 떨어진 우주에 있으며 지구와 우주 환경의 영향을 받기 때문이다. 우주를 여행하려면 대기 저항, 에너지, 열전도 및 우주 쓰레기 등 일련의 문제를 극복해야 한다.

우주의 공기는 희박하고 우주정거장은 잔류 대기의 저항을 받아 지구를 에워싸고 비행하는 데 어려움을 겪으며 비행 도중 조정을 하지 않으면 얼마 지나지 않아 지구로 떨어지기 때문에 우주정거장은 추진체(推進器)와 제어모멘트자이로(控制力矩陀螺)를 장착하여 비행 속도와 자세를 조정해야 한다. 톈허 핵심창에는 30대의 비행자세제어엔진(姿軌控發動機)이 장착되어 있으며 그 중 26대는 일반적인 화학 추진제(化學推進劑) 소비에 의존하고 나머지 4대는 훨전기추진엔진(霍爾電推進發動機)으로 유인 우주선에 전기추진엔진을 사용하는 것은 이번이 처음이다.

훨전기추진엔진은 '크세논(氙)' 가스를 연료로 사용하고, 자기장에서 발생하는 전기장을 통해 '크세논' 이온을 가속화시켜 플라스마(等離子體) 사류(射流)를 만들어 우주선으로 하여금 앞으로 나아가게 한다. 이온 분사를 동력으로 하는 만큼 훨전기 추진력은 매우 작은데 4대가 함께 작동해도 계란 하나 땅에서 밀어낼 수 없다.

하지만 이만큼의 추진력은 우주 정거장에서는 매우 충분하다. 휠전기추진엔진은 정확도가 매우 높아 우주 정거장으로 하여금 항상 정확한 궤도로 유지할 수 있게 한다.

이외에 우주 정거장의 외부에는 6개의 구형 모양의 제어모멘트자이로(控制力矩陀螺)도 장착되어 있으며 단일 자이로의 무게는 125kg이며 자이로는 전기를 공급받아 회전하여 각운동량(角動量)을 얻는다. 각운동량의 방향을 바꿈으로써 우주정거장의 운행자세를 조절할 수 있고, 톈궁(天宮)수업의 첫 시간에서 보여준 것처럼 팔을 회전시킴으로써 자신의 방향을 조절한다.

우주정거장 운행 과정에서 추진제가 소모되기 때문에 일정 시간이 지나면 추진제를 보충해야 한다. 일반적인 화학 추진제는 톈저우(天舟) 우주 화물선을 통해 궤도에서 추가할 수 있다. 크세논은 일반적으로 액체 공기를 분별 증류하여 만드는 희귀 불활성 기체로 우주에서는 이 가스를 생산할 수 없을 뿐더러 톈저우 우주 화물선도 직접 가스를 공급해 줄 수 없기 때문에 우주비행사가 선실에서 나와 교체할 수 있는 휠전기추진엔진 실린더를 특별히 설계하여 실린더를 교체하는 방법으로 궤도에서 크세논 가스를 추가하는 문제를 해결하였다.

여기에는 전기를 생산할 수 있는 연료가 없기 때문에 우주 정거장에는 전기를 생산할 수 있는 유연성 태양전지날개(太阳电池翼)가 장착되어 있다. 기존의 강성(剛性), 반강성(半剛性) 태양전지날개에 비해 유연성이 강한 날개는 부피가 작고, 전개 면적이 크며 공률이 비교적 높은 등 특성을 가지고 있다. 톈허 핵심창은 한쪽 날개 폭이 12.6m이고 양쪽 날개 면적이 134제곱미터에 달한다. 한쪽 날개만으로도 우주정거장에 9,000와트의 전기 에너지를 공급할 수 있고 선실의 모든 장비의 정상적인 작동을 충족시키면서 우주정거장에서 우주 비행사의 일상 생활을 완전히 보장할 수 있으며 저궤도에서 10년 동안 우주정거장에 에너지를 공급할 수 있다.

이곳은 대기권의 보호에서 벗어나 각종 대전 입자(帶電粒子)와 방사선이 사방에서 쏟아져 들어오고 태양은 엄청난 열을 외부로 발산하며 양지쪽의 온도는 섭씨 121도에 달하는 반면, 음지쪽은 영하 157도까지 내려가 기온차가 300도 가까이 난다. 때문에 우주정거장의 외층은 고온과 저온에 강해야 하고 내식성이 있어야 하며 내부는 다양한 기기와 우주비행사의 안전을 보장하기 위해 일정한 온도를 유지해야 한다.

　따라서 우주 정거장의 외부 층은 다양한 복합 재료로 만들어졌으며 특수 열 제어 재료를 칠하여 장기간 태양에 노출됨으로써 내부 온도가 상승하는 것을 크게 줄였다. 매우 낮은 열복사로 우주선이 음지쪽에 있을 때에는 선실 내 온도 저하 속도를 늦추고 보온 효과를 발휘한다. 동시에 여기에는 열을 전달하는 매개체가 부족하여 열복사의 방열 속도가 매우 느리다. 태양복사와 우주정거장에서 작동하는 장비는 우주정거장의 내부 온도를 상승시키므로 방열 문제를 고려해야 한다. 우주정거장 바깥쪽에는 냉각재 순환 시스템과 함께 방열판이 부착되어 있어 여분의 열을 우주로 옮겨 갈 수 있다.

　이곳에는 아직도 대량의 미세 유성체와 우주 쓰레기가 떠돌아다니고 있다. 우주 쓰레기가 우주비행체와 충돌할 경우 최대 상대속도는 초속 15km로 일반 소총의 15배에 해당한다. 1cm 정도의 우주쓰레기는 위성 하나를 파괴할 수도 있다. 따라서 톈궁 우주정거장의 가장 바깥층으로부터 1인치 되는 곳은 약 6~7mm 두께의 특수 재료 층으로 둘러싸여 있다.

　작은 우주 파편들이 충돌하면 파편들은 고온으로 인해 기화되고 이온화되기 때문에 우주선의 손상을 줄일 수 있다. 더 큰 우주 파편들은 운행 궤도를 변경하여 충돌을 피하는데, 이는 우주 정거장이 직면한 아주 작은 문제일 뿐이며 블록을 쌓는 과정은 역시나 어렵다. 톈허의 핵심창에는 5개의 도킹 우주선이 있으며, 좌우 고정은 2개의 실험 선실을 도킹하는 데 사용되고, 상단 개구부는 우주 비행사가 탈출하는 데 사용되며, 나머지 3개는 필요에 따라 선저우 유인 우주선과 톈저우 화물 우주선을 도킹한다. 실험실과 핵심창을 연결할 때 먼저 노드실 앞쪽 끝과 연결한 다음 핵심창 외부의 기계팔의 보조를 통해 무게가 20톤 이상인 실험실을 90도 회전시켜 좌우의 두 인터페이스에 연결한다.

　비어 있는 전후 인터페이스는 유인 우주선과 화물 우주선의 도킹에 사용되며, 핵심창 아래의 인터페이스는 때때로 유인 우주선을 도킹하기도 하는데, 이 방사형 도킹 방법은 더욱 복잡하며 도킹 과정에서 우주선과 핵심창의 속도뿐만 아니라 우주선의 민감기에 대한 빛의 영향도 고려해야 하며, 이는 민감기의 동적 상황에서의 측정 정확도와 안정성에 대한 요구 사항이 매우 높음을 의미한다. 하지만 우주정거장은 단순히 우주를 여행할 수 있는 표면적인 것만이 아니라 발사장, 우주발사체, 유인우주선, 우주비행사, 탐지통신, 착륙장 등 여러 분야의 콘텐츠가 집결되어 있다. 이는 유인우주선 논증부터 우주정거장 계획까지 거의 60년이 걸린 이유이기도 하다. 더 많은 과학 지식을 아시고 싶다면 저를 주목하시기 바랍니다. 다음 시간에 만나요.

◆ 말해 보기 ◆

1) 동영상을 듣고 위의 질문에 답해 봅시다.
   ① 톈궁정거장 구조의 특성에 대해 말해 봅시다.
   ② 톈궁정거장을 건설하는 데 오랜 시간이 소요된 원인을 말해 봅시다.

2) 다음 문장을 중국어로 번역해 봅시다.
   ① 톈궁(天宮) 우주 정거장은 톈허핵심창(天河核心艙)을 중심으로 앞쪽 끝에 노드 모듈(節點艙)을 설치하고 노드 모듈의 양쪽에 각각 원톈(問天)과 멍톈(夢天) 두 개의 실험창을 도킹하여 무게가 60톤에 달하는 기본 구성을 형성한다.
   ② 휠전기추진엔진(霍爾電推進發動機)은 '크세논(氙)' 가스를 연료로 사용하고, 자기장에서 발생하는 전기장을 통해 '크세논' 이온을 가속화시켜 플라스마(等離子體) 사류(射流)를 만들어 우주선으로 하여금 앞으로 나아가게 한다.
   ③ 하지만 우주정거장은 단순히 우주를 여행할 수 있는 표면적인 것만이 아니라 발사장, 우주발사체, 유인우주선, 우주비행사, 탐지통신, 착륙장 등 여러 분야의 콘텐츠가 집결되어 있다.

3) 동영상의 중심 내용을 요약해 봅시다.

제 20 과   국제우주정거장과 반도체 산업

02 한국의 반도체 산업

◆ **생각해 보기** ◆

1) 반도체는 어떻게 만들어지는지 생각해 봅시다.
2) 반도체의 종류에 대해 생각해 봅시다.
3) 반도체의 역사에 대해 생각해 봅시다.

◆ **들어 보기** ◆

[동영상]

◆ **단어 보기** ◆

반도체	半导体
패권	霸权
사물인터넷	物联网
도체	导体
부도체	非导体
제어하다	控制，操纵

트랜지스터	(transistor) 晶体管	
규소	硅, 硅素	
실리콘	(silicone) 硅	
웨이퍼	(wafer) 薄片, 晶体	
D램	(Dynamic Random Access Memory) 动态随机存取存储器	
유치하다	申办, 吸引	
안주하다	安于现状	
팹리스	(Fabless) 无晶圆厂, 没有制造业务, 只专注于设计的集成电路设计公司	

◆ 본문 보기 ◆

한국 경제의 심장, 거대한 세상을 움직이는 작은 엔진, 전자 산업의 쌀이라 불리기도 하고 4차 산업혁명의 핵심부품으로도 불립니다. 지금부터 우리가 함께 열어 볼 작은 상자 안에 바로 그 주인공이 있습니다.

친숙하면서도 어려운 이름 반도체죠. 이제 반도체 없는 세상은 상상조차 할 수 없습니다. 티비, 컴퓨터, 자동차, 냉장고, 세탁기, 스마트 폰, 일상생활에 필요한 전자기기에는 반도체가 반드시 필요하고 인공지능, 가상현실, 사물인터넷 등도 반도체 없인 존재할 수 없으니까요. 4차 산업혁명 시대, 반도체의 가치가 점점 더 커지고 있는 이유입니다.

오늘도 세계는 반도체 시장의 패권을 잡기 위해 총성 없는 전쟁 중이고 세계적인 반도체 국가인 대한민국은 그 일선에 서 있습니다. 그렇다면 반도체는 도대체 무엇일까요? 반도체를 만나기 위한 여정은 놀랍게도 모래 한 알로부터 시작됩니다.

흔히 전기가 흐르는 물체를 도체라 하고 전기가 흐르지 않는 물체를 부도체라고 하는데요. 반도체는 도체와 부도체의 중간쯤 되는 성질을 가집니다. 평소에는 전기가 흐르지 않다가 특정한 조건을 만들어 주면 전기가 흐르죠. 바로 이 성질을 이용해 전자기기를 제어하거나 정보기억 장치를 만드는 것이 바로 반도체입니다.

다시 말해 우리가 일반적으로 이야기하는 반도체란 반도체 물질 자체라기보다는 반도체 물질을 이용해서 만든 트랜지스터를 의미하는데요. 그런 반도체는 어떻게 만들어질까요?

반도체 재료로 가장 많이 쓰이는 것은 모래입니다. 모래의 주요 성분인 규소, 즉 실리콘 원료는 수백가지의 복잡한 과정을 통해 반도체로 태어나는데요. 크게 구분하면 반도체칩을 설계하고 웨이퍼를 가공하는 전공정, 웨이퍼에 새긴 칩을 제품화하는 후공정 등을 거치게 되죠. 이어서 반도체 종류에 대해서도 간단히 알아볼까요?

크게 메모리 반도체와 시스템 반도체로 구분하는데, 메모리 반도체는 정보를 기억하는 용도로 쓰이고, 반면 시스템 반도체는 데이터를 해석, 계산, 처리하는 역할을 합니다. 그중 메모리 반도체 분야에서 세계 최고의 기술력으로 2002년 이후 줄곧 세계 시장을 주도해 온 대한민국, 그 신화는 언제부터 어떻게 시작되었을까요? 이제 대한민국 반도체 역사의 메모리 속으로 함께 들어가볼까요?

1965년 서울의 마포 인근에 군용 천막 2개가 세워집니다. 미국 고미사의 투자로 설립된 '고미전자산업', 수십 명의 여공들이 트랜지스터를 조립하는 것으로 대한민국 반도체 역사가 시작되었죠. 1974년에는 한국 반도체가 국내 최초로 웨이퍼 가공에서 패키지까지 전체 공정을 생산했습니다. 또한 1970년대에는 한국전자기술연구소, 한국과학기술연구소 등에서 반도체 기술 연구도 시작됐습니다.

80년대에 들어 대한민국 반도체 산업은 놀라운 발전으로 세계를 깜짝 놀라게 했는데요. 정부는 1981년, '반도체 공업육성계획'을 수립해 다양한 지원을 시작했고 1983년, 우리나라는 미국과 일본에 이어 세계에서 3번째로 64K D램 개발에 성공합니다. 우리 기업들은 반도체 산업에 앞다퉈 뛰어들었고 대한민국 반도체는 세계의 1, 2위를 다투고 있던 미국과 일본의 기술력을 따라잡기 시작했죠. 그리고 드디어 1998년 D램 시장 점유율 1위, 2002년 메모리 반도체 시장 점유율 1위에 오릅니다.

21세기 들어 그 영향력이 점점 더 커지고 있는 반도체, 반도체 전쟁이라는 표현이 과하지 않은 정도로 글로벌 반도체 기업들은 차세대 반도체 개발에 천문학적 돈을 쏟아 붓고 있고 각급 정부가 직접 나서 반도체 기업의 공장을 자국에 유치하는 등 자금과 제도적 지원이 대규모로 이루어지고 있죠.

우리 경제를 이끌어가고 있는 핵심 산업인 대한민국 반도체 역시 메모리 반도체 1위에 안주하지 않고 세계 변화에 발빠르게 대처하며 또 한번의 도약을 준비하고 있습니다. 비대면 경제성장으로 반도체에 대한 수요가 급증한 요즘, 메모리 반도체에서 최고의 경쟁력을 가진 대한민국은 시스템 반도체 설계 및 제조 경쟁력을 강화함으로써 종합 반도체 강국의 미래를 준비합니다. 메모리 반도체 기업이 설계부터 제조까지 모든 생산공정을 종합적으로 갖추고 있는데 비해 시스템 반도체는 부가가치 체인별 분업화가 잘 이루어져 있습니다.

반도체 칩의 특정 기능 블록인 IP를 설계하는 IP기업, 설계 및 마케팅에 특화한 팹리스 설계업체 위탁을 받아 생산을 전문으로 하는 파운드리, 그리고 후공정 기업 등이죠. 우리 정부는 시스템 반도체 중 차세대 전력 반도체, PIN반도체, K-센서 등 유망 기술에 R&D를 지원하고 시스템 반도체 설계지원센터, 인력양성 로드맵 등을 통해 성장 기반을 마련합니다. 또한 첨단 반도체 시설과 R&D를 대상으로 투자세액공제를 강화하고 한미 민관 반도체 협력채널을 구축하는 등 대내외 지원과 협력을 통해 생태계를 강화합니다.

대한민국 경제의 심장으로, 쉼없이 달려온 반도체 산업 글로벌 경쟁업체들의 끝없는 견제와 경쟁 속에서도 우리의 반도체 산업이 고도의 성장을 이룰 수 있었던 것은 정부의 아낌없는 지원과 기업의 과감한 투자와 기술혁신, 학계의 우수한 인쇄 공급이 이뤄낸 성과였습니다. 4차 산업혁명 시대 이제 대한민국 반도체 눈앞에 제2의 도약을 위한 중요한 순간이 시작되고 있습니다.

◆ 말해 보기 ◆

1) 동영상을 듣고 위의 질문에 답해 봅시다.
　① 반도체는 어떻게 만들어지는지 말해 봅시다.
　② 반도체의 종류에 대해 말해 봅시다.
　③ 반도체의 역사에 대해 말해 봅시다.

2) 다음 문장을 중국어로 번역해 봅시다.
　① 한국 경제의 심장, 거대한 세상을 움직이는 삭은 엔진, 전자 산업의 쌀이라 불리기도 하고 4차 산업혁명의 핵심부품으로도 불립니다.
　② 우리 경제를 이끌어가고 있는 핵심 산업인 대한민국 반도체 역시 메모리 반도체 1위에 안주하지 않고 세계 변화에 발빠르게 대처하며 또 한번의 도약을

준비하고 있습니다.

③ 첨단 반도체 시설과 R&D를 대상으로 투자세액공제를 강화하고 한미 민관 반도체 협력채널을 구축하는 등 대내외 지원과 협력을 통해 생태계를 강화합니다.

3) 동영상의 중심 내용을 요약해 봅시다.

韩国语视听说教程（四）（第 3 版）

尊敬的老师：

　　您好！

　　本书练习题配有课件，请通过邮件联系责任编辑索取。同时，为了方便您更好地使用本教材，获得最佳教学效果，我们特向使用该书作为教材的教师赠送本教材配套电子资料。如有需要，请完整填写"教师联系表"并加盖所在单位系（院）公章，免费向出版社索取。

北京大学 出版社

教 师 联 系 表

教材名称	韩国语视听说教程（四）（第 3 版）			
姓名：	性别：	职务：		职称：
E-mail：		联系电话：	邮政编码：	
供职学校：		所在院系：		（章）
学校地址：				
教学科目与年级：		班级人数：		
通信地址：				

　　填写完毕后，请将此表邮寄给我们，我们将为您免费寄送本教材配套资料，谢谢！

北京市海淀区成府路 205 号
北京大学出版社外语编辑部　刘虹　　　　外语编辑部电话：010-62759634
邮政编码：100871　　　　　　　　　　　邮 购 部 电 话：010-62534449
电子邮箱：liuhong@pup.cn　　　　　　　市场营销部电话：010-62750672